金山区乡土文化系列丛书

上海市金山区档案局（馆）编

留住乡村魂
展示文化美

上海科学技术文献出版社
Shanghai Scientific and Technological Literature Press

文华璀璨　星斗满空

——金山乡土文化素描

金山位于上海西南，濒杭州湾，是上海成陆最早的地区之一，史有"控扼大海、襟带两浙"之说，尤以"三古一卫"（古冈身、古县治、古海塘和金山卫）著称。在这里，一条6400多年前的古冈身蜿蜒向北，划出了上海地区最早的海岸线；2200多年前，秦朝在此设海盐县，南朝时期又置前京、胥浦两县，是上海地区最早的县治所在；而唐末五代时期修筑的古海塘"堰海十八所"，则见证了金山人民面对台风、海潮等自然灾害不屈抗争的历史，至今已历1100多年；明朝洪武十九年（1386年）筑城置金山卫，成为苏浙屏障、军事要塞，是中国"四大名卫"之一，人称"东南巨郡"。

东海滔滔，岁月迢迢。6000多年沧海桑田，金山人民世世代代在这片土地上耕耘渔猎、繁衍生息，在农耕文明的滋养中，积淀了著名的马家浜文化、良渚文化，他们赞美劳动、讴歌生活、追求美好，也创造出底蕴深厚、多姿多彩的乡土文化。

古往今来，金山文士荟萃、名人辈出。从南北朝时期语言文字学家顾野王、唐代文学家陆贽、元代诗人杨维桢、明代书法家沈度沈粲兄弟，到现当代书画家白蕉、国画大师程十发、漫画家丁聪、雕塑家何鄂等，无一不是中国文化历史进程中的时代翘楚。

江南水乡，物华天宝、人杰地灵。在这片温润的大地上，勤劳智慧的金山人民创立并发展了具有鲜明地域特色的民间艺术和乡土文化。

金山是中国现代民间绘画之乡、中国民间文化艺术之乡，蜚声海内外的金山农民画便诞生于此。金山农民画源自古老的江南地区民间艺术,以江南水乡风土人情为主要题材,融合刺绣、剪纸、蓝印花布、灶头壁画、雕塑、漆绘等民间艺术表现手法,运用大胆的艺术夸张和强烈的色彩反差,以浪漫的想象、大胆的夸张,形成了自身鲜明的艺术特点,是上海国际大都市对外交流的一张文化名片和金山地域文化的一块金字招牌。

金山也是上海民间文化艺术之乡,山阳民乐、枫泾故事、朱泾花灯等,都是闻名沪上的民间文化艺术品牌。在山阳镇,民乐拥有广泛的群众基础,每四位居民中就有一人会演奏一样乐器,一些民乐团队已经具有了相当的专业演奏水准。枫泾故事在国内具有较大的影响力,是全国唯一的中国故事基地,拥有故事创作和演讲员100多名,年发表故事50余篇,演讲100多场。2018年,枫泾镇新义村还成功创建成全国唯一的中国故事村。朱泾花灯起于南北朝,盛于明清,是上海金山及周边地区民众以庆祝节令、酬神娱人为内容,以花灯展示、民俗表演、民间扮玩为载体的民俗文化活动,一般在上元节、中元节、下元节等节庆期间举行。

长期以来,金山十分重视对非物质文化遗产的发掘、保护和传承,截至目前,已有15项被列入上海市非物质文化遗产名录。如:干巷小白龙,起源于干巷四圩网船埭一带,已有近百年历史,是干巷地区的一项重要民间文化活动,"小白龙信俗"还入选了第五批国家级非物质文化遗产代表性项目名录。吕巷白龙糕是江南稻作文化的杰出代表之一,很好地保持了原生态无污染的制作技艺,是研究江南稻作文化的真实活体,反映了江南地区饮食文化的人文特质。廊下"打莲湘"是当地人民喜闻乐见的一种民间舞蹈,具有浓厚的民族文化气息。亭林腰鼓具有百年历史,是亭林地区民间活动传承下来的一个重要特色项目,深受江南水乡农民喜爱。金山卫田山歌是当地农民自己创造的一种劳动歌曲,它既能抒发劳动者的感情,诉说欢乐与痛苦,又能陶冶性情、解除疲劳,且代代相传不绝。此外,枫泾丁蹄手工制作、上海黄酒传统酿造、土布纺织、丝毯织造、土布染织、菜肴烹饪等一批民间技艺技法,也荣列上海市非物质文化遗产名录之中。

长期以来,金山十分重视对乡村文脉的发掘、保护和赓续,着力为金山人民留住乡愁。2019年5月,经过近十年的编撰,全国第一部全区域覆盖村志——金山区村志集中发布,全区124个村实现"一村一志"。总字数超过2500万字的124部村志,按照"横分门类、纵述史实"体例,详细记载了各村地理、历史、经济、风俗、物产、人物等,理清了村域发展的历史人文脉络,成为金山人民看得见、留得住的原乡风情和故土乡愁。正如有学者所言:"金山区124部村志为研究上海提供了重要的原始素材,让郊区农村与中心城区一起,构成完整的上海历史。"

近年来,作为上海实施乡村振兴战略先行区,金山坚持以乡土文化发展促进乡村振兴战略实施,抓住乡村振兴示范村建设等契机,通过文化场馆和文化阵地建设,在文化传承上为乡村立根铸魂,进一步展示出乡村内涵之韵、文化之美,一幅乡土文化兴旺繁荣的长卷在金山徐徐铺展开来——

在上海首个中国历史文化名镇枫泾,2020年,中国第一个以故事为主题、收藏了近万件与故事相关藏品的中国故事展厅在新义村落成,展厅集收藏、记录、展示于一体,详细介绍了故事文学的发展与影响。

朱泾十年花灯会,传承的不仅是花灯技艺,更是古镇的独特文化禀赋,而"一居一品""一校一品"特色文化品牌也如雨后春笋般遍地开花,各类土生土长的文艺团队活跃在全镇的每一个角落。

坚持"以文兴镇",亭林持续打响"亭林历史文化名人"系列品牌,打造"口述亭林""云间讲堂""人文故事地图"等特色品牌,推动了"江南文化"品牌的创新发展。

漕泾深挖金山人民"煮海为盐"的千年历史,打造出目前上海唯一的"沧海盐田"盐文化博物馆,再现了古代"炼卤煎盐""晒盐"等海盐生产和盐民生活的文化场景,精心编排的原创歌舞剧《沧海盐田》华丽亮相"上海之春"。

山阳紧抓海渔文化的发掘和培育,让上海最后一个"活着"的渔村——金山嘴渔村洋溢出新的魅力,老街的青砖黛瓦、渔民老宅的渔具、海渔文化馆、妈祖文化馆,无一不在向八方来客讲述着人与海的故事。

以金山卫张桥村梁家山歌为主干的金山卫田山歌,是上海市非物质文化遗产,张桥羊肉是金山区非物质文化遗产,此地独拥两项非遗,新建的"张桥非遗展示馆"汇集了本地特色非遗保护项目,保护的是文化,留住的是乡愁。

张堰着力打造"文化+古镇"城市品牌,历经数年,花费数千万元,将走马楼、第一楼、卢家祠堂、钱家祠堂和钱培名宅等古建筑修缮一新,让古建筑成为文化的新载体,坐落于云山楼的张堰历史人文风情馆,也于去年九月开馆。

廊下以乡土文化立景,在上海首个开园的廊下郊野公园,田间美术馆令人耳目一新,美术馆以农家旧物作展品,固定在乡间道路上展示,留住的是老农和都市人共同的乡愁。

位于吕巷的金山区非物质文化遗产保护中心,以图、文、实物、多媒体等形式全面展示了金山区42个非遗项目,一批非遗传承人在此现场展示、制作,成为古老金山的一种活态存在和历史遗存。

秉持"衔石填海,崇德向善"精神的石化街道,是金山好人文化的发祥地之一,好人好事蔚然成风,涌现出了全国文明家庭龚建强、骨髓捐献者毛俊、捐赠全部财产助学的高新等一批时代好人。

高新区社区市民文化礼堂,集中展示了新街暴动红色文化、水乡古桥文化、染缬、民歌、村志等当地历史文化,开设有好人馆、云间书屋、染缬艺坊、百姓讲堂,被当地居民誉为"自己的文化客厅"。

本书取名《小镇大展》。小镇,指在乡村振兴南北转型背景下,金山区各镇(街道、社区)重视乡土文化挖掘,重视村史馆建设,因地制宜、各美其美、美美与共地探索后呈现的示范样板。大展,一作展陈展示之解,一作大展宏图之解。金山区档案局(馆)常年坚持编纂乡土文化系列丛书,旨在大力发掘乡村文脉,提高金山农民画、金山故事等优秀乡土文化的品牌标识度,提升小白龙、花灯、田山歌、莲湘等乡土文化的品牌内涵,推进金山乡土文化的创新发展,留住乡村魂,展示文化美,为金山全力打响"上海湾区"城市品牌,全面建设"活力湾区、美丽湾区、幸福湾区",发挥文化应有的作用。

编　者
2022年10月

目录

- 1 文华璀璨 星斗满空

枫泾镇
- 8 寻画江南意更新
- 11 软实力带来"硬"发展
- 14 走进朱学范故居
- 16 千年古镇 百年丁蹄

朱泾镇
- 20 有哪些不为人知的深厚家底……
- 28 道不尽的"五龙"故事
- 33 "内外兼修"的"全国文明村"
- 40 古风背后之深蕴

亭林镇
- 46 从"顾油车"到"顾亭林"
- 50 借力古镇蓄势待发 乡村振兴扬帆起航
- 55 亭林古松园的那棵松、那些事
- 60 亭林文化绵延不断的根基

漕泾镇
- 66 欸乃一声山水绿
- 70 煮海千年话沧桑
- 74 斑驳里的水乡江南
- 78 上海海陆变迁的"活化石"

山阳镇
- 84 上海最后一个"活着"的渔村
- 90 魔都边上玩转乡村野趣
- 94 "马棚"里的家国记忆
- 100 城市让生活更美好
- 106 从科创园区到城市品牌策源地

金山卫镇 112 星火燎原话振兴
116 田歌嘹亮 "羊"名天下
120 八字箴言 向美而行
124 寻找红色记忆的起点

张堰镇 130 品味酸甜酱菜里的乡愁
134 记录"南社"峥嵘岁月
138 欲知"白蕉"为何清誉如兰 请到白蕉艺术馆来一品
142 领略留溪千年风韵

廊下镇 148 一桥两山塘的时光故事
151 都市乡村农家"乐"
154 何鄂与百年"廊小"的不解之缘
157 在田间美术馆遇见乡愁

吕巷镇 162 花海果园寄乡愁
165 沪上水果第一村
168 当民俗遇见活态传承
172 "三个百里"硕果丰

石化街道 176 从荒凉滩涂到幸福小城
182 碧海蓝天缤纷浪漫的名片
187 金山血、山河泪、民族魂

高新区社区 194 传承文脉记住乡愁 只为更好向前发展
198 "官塘驿站"里的油香故事
201 闹市寻幽 请到"市民文化礼堂"

后记 205

枫泾镇

寻画江南意更新

2021年底，枫泾镇中洪村凭借"农民画村"这一独特优势入选第十一批全国"一村一品"示范村镇。

由于地跨吴越，枫泾素有吴越古镇的美名。元末明初便被列为江南四大名镇之一，至今保存完好。近年来，得天独厚的江南水乡风情和吴越古镇风貌，已令枫泾成为中外游客乐于前往的观光小镇，而每年在此举行的"吴越水乡婚典"也已成为上海旅游节的经典品牌。

中洪村。

农民画大道

枫泾的民间文化艺术传统积淀深厚,有蓝印花布、家具雕刻、灶壁画、花灯、剪纸、绣花、编织等,无不折射出独特匠心。而镇内依然留存的古桥、古庙宇、古戏台、古井等,更烘托出一份悠远的情致。

时至近代,枫泾孕育千年的文化底蕴厚积薄发,诞生了一批蜚声海内外的文化名人、名作。而金山农民画、丁聪漫画、程十发国画与顾水如围棋并称"三画一棋",成为其中翘楚。

2008年,中国农民画村在枫泾古镇中洪村落成,吸引了全国十地的农民画来此争奇斗艳。

中洪村位于枫泾镇的北部,是中国农民画发源地。先后获"中国特色村""中国十大魅力乡村""中国绿色村庄""中国十大书画村""上海市美丽乡村示范村"等荣誉称号。

画村置于原生态的格局中,以独具特色的本土民居和乡土地貌为主调,配以小桥流水、菜园鱼塘、草棚水车、农铺谷场、石磨陶瓷等典型农家景物,构成一种典型的"采菊东篱下"式的村野意境和情趣。这里

创作农民画

墙头画农民画

春有花,夏有阴,秋有果,冬有青,宅前屋后,四季蔬菜瓜果不断。这里的画家村、南菜园、垂钓鱼塘、四季瓜棚、灶头屋里等精彩去处,无一不像是在生动讲述当地农村、农业和农民的故事。

"农民画村"不止美在农民画。小桥、流水、菜园、鱼塘,通过村庄改造、环境整治,美景终于从墙上纸上跃入现实;同时,中洪村挖掘休闲农业旅游,波兰倒置屋、房车露营地、法国画家墙绘……小小村庄已有10多个旅游景点。

格外引人入胜的是,这里充溢着的民俗文化气息和江南乡风,足以令外来客真实体验并充分享受一种典型的中国传统美术创作境界。步入村界,随地可闻墨彩之香,随处可见巧运之笔。随手推开一户"丹青人家"的大门,内中正在凝思构图的,多半就是一位早已远近闻名的乡土大师。来客在这里可以轻松随意地观赏创作、装裱农民画的全过程,欣赏其间精品佳制,并当场选购喜欢的作品。甚至也能随兴之所至,操起画笔,体验一把乡间作画的别样乐趣。

近年来,中洪村依托枫泾古镇旅游资源,在农民画村基础上,发展和打造新生态景点,促进特色旅游和乡村旅游,带动其他产业发展,增加农民收入。通过扶持文化创意产业,开发以农民画、农家游为特色的乡村游产品,推动吃、住、游、购、娱等要素一体化发展。

软实力带来"硬"发展

中国故事村——新义村，地处吴越千年古镇——枫泾的南部。新义村历史文化悠久，在漫长的发展过程中，形成了"一人一树一故事"的文化特色："一人"，新义村岳姓居民为岳飞后裔；"一树"，村里现存的一棵古银杏树，据考证为明朝嘉靖年间种植，距今已有约500年历史；"一故事"，新义村2018年被中国民间文艺家协会故事委员会授予"中国故事村"称号。深厚的历史底蕴，成就了新义村丰富的乡土文化。盛产故事、善讲故事、爱听故事，早已成为了这个村庄的独特品牌。

新义村。

新义村内府农业

陆家埭示范埭

  文化振兴是乡村振兴的重要内容。进入新时代，新义村开始以故事文化为抓手，打造故事品牌，推动乡村全面建设。该村邀请中国民间文艺家协会、上海民间文艺家协会的十几名成员，前来村里进行故事发掘，采访村里十几位老人，整理出了32篇传说故事，编撰了第一本故事书——《白果树下金鸡啼》，正式打响故事文化品牌。2020年，中国第一个以故事为主题的展厅——中国故事展厅在新义村落成；该展厅集收藏、记录、展示于一体，收藏了近万件与故事相关的各类藏品，详细介绍了故事文学的发展与影响。中国故事展厅的落成，对我国故事文学和故事文化的发展与传承将起到重要作用。

  故事文化品牌的崛起，带动了产业的发展和综合治理水平的提升。该村依托枫泾科创小镇、长三角路演中心农创路演平台，打造田园综合体,使优质猕猴桃芝麻基地、黄桃基地、梨园基地、石榴基地、草莓基地等一批农创项目在村里落地生根。这个有着500多年历史的中国故事村,一个关于乡村振兴的新时代故事,正在这里上演……

2018年,作为上海首个"众创入乡"试验基地,新义村因为天域·新义田园综合体而声名鹊起。2019年,新义村进入上海市第二批乡村振兴示范村名录。近年来,村里涌现出许多新人新事。有在市区经商的村民回村从事传统黄桃产业的,有大学毕业后回村经营果蔬合作社的,有外乡人依托天域·新义田园综合体来村里创业的……他们各有各的精彩。在"中国故事基地"管理委员会的支持下,新义村完成了《2020-2025中国故事村产业基地发展规划》编制,旨在打造有文化、有故事、有产业的新农村。

新义村始终坚持因地制宜加快产业融合发展,推进乡村振兴示范村建设,"众创入乡"产业初具规模。与天域公司合作,通过盘活农民存量宅基地,让农村的闲置农宅等要素流动起来,建立一批农村"众创空间"。增加农民的财产性收入和经营性收入。初步形成农业产业特色,积极培育乡村旅游业。充分挖掘乡村文化旅游资源,充分盘活现有旅游资源。

新义村还加大源头治理,不断提升村域综合环境。拆除违章搭建,进行宅前屋后整治及小三园打造。开展宅前屋后环境综合整治工作,形成党员带头、农户参与的环境整治氛围,大力推进"美丽乡村-幸福家园"创建暨乡村环境大整治行动。

天域·新义田园综合体

走进朱学范故居

朱学范(1905年－1996年1月7日)是中华人民共和国第一任邮电部部长,曾任全国人大常委会副委员长、民革中央主席。朱学范祖籍枫泾镇,逝世后安葬在枫泾公墓。2002年枫泾古镇开始挖掘与保护历史文化资源,特别对一些著名人物的祖居进行了勘察,其中包括朱学范故居。经查阅资料,调查当地居民,考证到了朱学范在枫泾曾经居住的房屋。朱学范幼年时在祖父家生活了一段时间,在青年时期也常回枫泾,就住在枫泾镇一条叫清水路的小街上。

名人故居。

朱学范故居位于枫泾镇新街口11号,面积约为800平方米,主体是一幢清末建筑。新街口是一条长约百米的小街,位于故居的北侧。故居的南侧本来是一条市河,这是典型的江南水乡古镇建筑风格:屋前有条街,屋后有条河。可惜这条河在20世纪80年代被填平了,变成贯穿枫泾古镇东西方向的交通要道——新泾路。

故居为五开间,主屋为二层楼,南侧临河为平房。进门大堂为迎宾聚客之所,楼上为卧房。后面临河平房为厨房,便于取水饮用与洗涮。主屋的西侧靠边一间,为朱学范卧室。1946年,朱学范曾经在这里居住了20多天。

朱学范故居的建筑有许多江南共有的特色,如前临街,后枕河,左右为贴墙而建的邻居房屋。出前门,可以进入闹市,街上商铺林立,行人如梭,邻里扯家常,路人谈天地。出后门,就到了河边,可以洗菜淘米、涮碗汰锅。那时候,河水清澈,少有污染。从河里提上几桶水,倒入家中的水缸,沉淀一夜后,就可饮用了。临河还有一大好处是交通便利。枫泾有句俗语,叫"三步一座桥,一望十条江"。从前江南地区的交通主要靠江河,船是主要交通工具,临河住宅是相当便利的。

朱学范故居的建筑也有其独特之处。一是二套园天井,有前天井后天井,这在前临街后临河的建筑中比较少见。特别其后天井,三面二层楼房屋檐相连,另一面是高墙,四方见天。晴天,阳光随时间移动照射;雨天,雨水随屋檐飘落飞扬。江南院落情趣尽在其中。另一独特之处是,故居的西侧有一幢三层楼高的念经亭楼。说是楼,因为有三层高;说是亭,因为仅一间房面积,约3.5米见方,真所谓亭亭玉立。这是朱学范嫂嫂念经拜佛之地。嫂嫂平日里从底层拾级而上至顶层,做佛事、念佛经。未得到叔嫂同意,一般人是不能上去的。这座亭楼,现在已经是危房了,暂不对参观者开放。

2005年9月20日,"朱学范故居"正式对外开放。

千年古镇　百年丁蹄

　　枫泾丁蹄的历史要从清咸丰二年(1852年)说起。在致和桥西侧有户丁姓人家,户主就是丁家蹄子的创始人丁清仓。丁清仓和弟弟合股开了小酒店,从经营红烧蹄子开始,经几起几落,在众人帮助下,专心研究,定型成为丁蹄雏形。

　　家业传至第二代丁玉鸿,他更懂经营之道,为传承家族产业,设立自家商号,商号源自巡检司送给丁家的匾额"诚义兴家"加上自家姓氏,即为"丁义兴"。

《重辑枫泾小志》在"食货"一节中记载:"豚蹄近有丁姓善烹,人呼'丁蹄',远近争购之。"

《续修枫泾小志》在"食货"一节中记载:"豚蹄市有丁肆,善烹,人呼丁蹄,远近争购之,宣统二年,奉南洋劝业会褒奖银牌,并奉浙江巡抚加给奖凭。"

清末民初徐珂编撰的《清稗类钞》中这样详细描述丁蹄:"嘉善枫泾圣堂桥堍,有丁义兴者,百年老店也,以善制酱蹄、蹄筋名于时,而酱蹄尤著,人呼之曰丁蹄,上有长方铅模所印'丁义兴制'四字。其烹制时,不用硝卤。相传为百年相承之原汁者,谰语也。味至佳,载入郡志,脍炙人口。"

丁润章作为丁家第三代掌门人,在接掌丁义兴家业后,先后参加了多次国内外商品展览会,并获得了众多奖牌,"枫泾丁蹄"的美名也随即传遍四方。

宣统二年(1910年)的一天,枫泾南镇自治公所董事(相当于现在的镇长)施次吾,给丁润章带来了嘉善县府的口信,"枫泾丁蹄"被指定参加南京南洋劝业会展览,官印文本数日送达,要求丁润章及早做好参展准备。一只小小的蹄子,被指定参加全国性的展览,这让丁润章喜出望外。

当时,"枫泾丁蹄"生意兴隆,销路一路攀升。特别是1909年9月12日沪杭铁路全线正式通车,"枫泾丁蹄"外卖生意成倍增长。

"枫泾丁蹄"参加南洋劝业会,足以证明其品牌,既受到百姓喜爱,又得到官府肯定。1910年6月5日南洋劝业会在南京丁家桥开幕,持续了近六个月,于1910年11月闭幕。"丁蹄"在第一届南洋劝业会上获

得了银质奖牌。

自从"丁蹄"在南洋劝业会上得奖后,丁家的生意越加兴旺,丁润章管理着一家酒铺和一个颇具规模的食品加工场。在枫泾小镇,丁义兴算是一个大型商号了。虽然世事纷乱,社会动荡,丁润章始终应对得当,审时度势,将家业发展壮大。

首届巴拿马太平洋万国博览会简称"巴拿马万国博览会",会址设在美国旧金山市,博览会从1915年2月20日开展,到12月4日闭幕,展期长达9个半月,总参观人数超过1800万。中国许多产品都获得了奖项,其中"枫泾丁蹄"荣获金质奖章。

传至第四代丁国威时,他经营规范完善,保护知识产权,注重商标注册。

民国22年(1933年)11月,我国有史以来第一部商标巨著《东亚之部商标汇刊》编辑出版。该汇刊共设七十大类,第四十四类第13号商标即为"丁蹄"。

商标呈请人为"丁国威",说明丁义兴的主人由第三代丁润章传承给了第四代丁国威,丁蹄发展进入了一个新的时代。丁国威上过大学,也曾经出国留学过,接受了新的文化思想,懂得知识产权保护的重要性,更知道商标注册对企业发展的重要性。

到了20世纪90年代,丁蹄的传承人把"丁蹄"作为商号,"丁义兴"反而变为了注册商标。

迄今,"枫泾丁蹄"已经有170余年历史了,在丁氏家族经营的百年时间里,沉沉浮浮,起起落落,可谓几经艰辛,几度辉煌。

丁蹄非遗奖牌

朱泾镇

有哪些不为人知的深厚家底……

　　花开海上，万紫千红，上海"乡村振兴示范村"金山区朱泾镇待泾村的名气越来越响。2019年3月27日，上海市委书记李强专程到待泾村调研乡村振兴工作。说来也巧，李强书记来待泾的那天上午，并不知道市委书记要来的我们恰在待泾村采访，深挖这个原本不起眼的远郊农村悠久的历史文化底蕴，以及"以田园生态立业"、"以乡土文化立景"的乡村振兴思路。

待泾村。

待泾村史馆

那天忙得头头转的村党总支书记姚民军，上午还是抽空陪我们聊了聊待泾村的"乡土文化"，并带我们参观了"村史馆"。姚书记介绍，这几年，村里重点干了三件事：一是引进了"花开海上生态园"；二是重点整治了东陈屋、蔡家楼两个自然村庄；三是在完成村史村志修订的基础上，初步梳理了待泾有开发潜力的历史文化景点，为今后更深一步挖掘"江南文化"、更深层次地走好农旅并重的"乡村振兴"之路奠定了基础。

作为实施乡村振兴战略的先行区试点村，产业兴旺，提高收入自然最为关键。2016年10月，"花开海上生态园"开园，凭借绚烂花海的超高颜值一炮而红，很快成为沪上市民竞相打卡的网红景点。开园才两年多，这个偏远乡村里的生态园已累计接待游客60万人。因共享了村里道路、绿化等基础设施，生态园每年门票收入的10%返还给待泾村，作为分红收益；生态园西侧，45亩林下停车场可停2000辆车，由村里负责运营管理，收入也全归村集体所有；生态园还优先面向待泾村村民提供岗位，去年一年村民通过打工增收250万元左右。此外，待泾村的4000多位村民，还可持年卡随时到生态园免费游览。但是，"以田园生态立业"只是第一步，待泾村正在探索的"乡村振兴"之路，还有"以乡土文化立景"。

就在"花开海上生态园"南侧的村里，就有一座当地人俗称"厅上"的明清老宅。朱泾镇文体中心主任高曙辉和金山区博物馆的高文斌，带着我们沿乡间道路来到一个叫"秋字圩"的地方，只见一片农民新居中"藏着"一座少见的老宅。这座貌不惊人的老宅的门楣和屋架梁等处多雕有民间故事和各种吉祥图纹，梁柱下，还有多个雕花石础。这种"石鼓墩"形制特大，仿佛告诉人们，这是明清时期拥有厚实家底的"大人家"。

"李家祖上出过榜眼，还曾在朱泾西乡造过三座石头大桥。"80多岁的李家外孙老盛说起李家的事不无自豪。据李家后人称，此宅原为粉墙黛瓦的四进大宅院，几十年前，部分建筑因历史原因拆建成朱泾乡敬老院，原址幸存最后一处厅堂。老宅历经百年风雨，虽显老旧，但木梁材质和房屋结构等，不失往日辉煌的风采。

待泾村新时代文明实践埭——蔡家楼埭

船舫附近经过整修的清代金山民居，是江南优秀古建筑的活标本

李家后人回忆说，以前跨进仪门，是一个宽阔的石皮天井。站在天井中央，面对正堂六扇落地长窗，左右偏堂各是短窗，门前三级石阶的大厅，抬头，只见回堂门上方挂着一块宽大的黑色匾额，上书"安善堂"三个金色大字。匾额的左下角是几行"安善堂"铭文。在匾额的左右厅柱上，装着一对"纱帽脚"，这是李氏做官人家的标识性饰物。大厅前面回廊的两个柱

李宅的雕花梁柱

子上，相对挂着一副黑底金字的"抱柱帖"。东柱挂上联"室有图书三万卷"，西柱挂下联"家传道德九千言"，落款"刘埇书"。据介绍，这幢老宅在民国时，上代人还会在每年的春夏秋冬，把家里书画藏品根据每一季主题来展览，其收藏之富可见一斑。宅前，还曾有过一座柏木建的"私家船舫"，河道中曾打捞出数量可观的柏树木。此外，还有幸

存的家传石锁、蝙蝠纹荷花缸,以及离老宅不远的李家建"启秀"古桥等。这些都激起人们对这户"李氏后裔"的探秘兴趣。

待泾村新时代文明实践埭——蔡家楼埭

据金山区博物馆的高文斌考证,李家老宅的原来的主人名叫李自华,生于1535年,字元实,号见亭,明代南直隶华亭(今金山朱泾待泾村)人。李自华高中进士第二名(榜眼),先是做翰林院编修,又任国子监司业,最后历官谕德,即太子的老师。李自华中榜眼后,他的族人深感荣耀,在朱泾为他建造了榜眼坊。李自华知识渊博,喜爱诗词,工古文,还善

俯瞰待泾村

书法与篆刻金石,作品有《陆宣公奏议序》等,从文中可见自华"渐摩有素,具有经济之才"。他是个有礼有节,具有治国安民才能的人。镇文体中心高主任则表示,李氏家族的这幢老宅,将来最好能成为一个开放的村史展馆场所,既能保护古建筑,延续地方文脉,又能让更多人了解这个曾经的名门望族,为地方守住记忆、留住乡愁。

待泾村的名人并不只有李自华一位,清朝康熙年间,金山出了个状元叫戴有祺。这位戴状元很有特色,不爱做官爱隐居,喜欢追求休闲的生活,这在状元中是罕见的,他一度隐居在朱泾地区,留下不少传说与佳话。有祺20岁的时候,就与张棠、庄永言等结"大雅堂社",当时人评价他"文章翘楚,领袖群伦"。1691年,中进士后,因书法出众,被康熙钦定为状元,成为翰林院修撰、吏部郎中等,是非常亲近皇帝的大

臣,前途无量。但戴性格桀骜不驯,在一场官员考核中一败涂地,被人"参了一本",1702年,皇帝下旨,让他去北疆做"责司海岛事"的副县长,他不干,托病回到了家乡。

远离多变的官场,戴有祺在朱泾蒋泾桥(今属朱泾待泾村)筑室为居,建造了私家园林。据清雍正年间杨锡咸《梦游文集》记:"有祺早有心计,欲藏身于胥浦江北侧蒋泾桥,僻静处筑室,叠假山临流水,并仿欧阳公作一舫子,吟啸其中。"他把蒋泾河边的这座私宅题名为"慵斋",自号"慵斋野老",一个"慵"字,看出他厌倦追名逐利的官场,甘于淡泊的生活。当时朱泾有位曾为几社成员的学者沈迥,是有祺从小的老师。嘉庆《朱泾志》介绍,"朱泾名流半出门下"的沈迥晚年在钓滩(今西林

村里的文化名人戴有祺、彭鹤濂的典故被做成诗碑、绘成墙画,成为"村景"

中学)设教授徒,"戴修撰有祺、陶进士尔穟皆从之游",有祺与文人名士在这里诗酒书法、交游酬唱,过着自己想过的惬意生活,留下了"但作闲人何必隐,不耽佳句易成诗"的佳句。

待泾村已修复开发的"村景",还包括沪上有名的清代古船舫遗址。2016年初,村里的蔡家楼河道里发现了七根石柱子,经专家发掘、考证,这里原来是一座清代古船舫遗址,这也是上海市首个经正式发掘、与水下文化遗产密切相关的半淹没遗址。遗址发现之初,所在的蔡家楼河道淤积,周围一片脏乱差,现在河边竖起了金山区文物保护单位的牌子,古色古香的古船舫已经被还原呈现出来,清清的河水绕着船舫柱子流过……岸边,是一整条的蔡家楼埭,埭前的道路平整开阔,家家户户建了小菜园、小花园、小果园,一眼望过去俨然一座小型公园。

住在古船舫附近的村民,其实就是古船舫家族的后人,他们也自觉当起了文化遗址和美丽乡村的守护人。随着产业兴旺起来,待泾村的环境越来越美。这两年,村里除了拆违、种树,还整修了10多公里的道路,并整治了全村所有14条河道……2018年一年,市、区、镇各级在这里投入超过1.2亿元,待泾村的角角落落面貌焕然一新。"现

朱氏古船舫遗址

在,我已经不想去'花开海上'了,因为我们村也变成了大花园了,每天就在家门口逛逛不是更方便!"76岁的李惠英幽默地对我们说道。

此外,待泾村20世纪还出了个近现代诗人彭鹤濂。彭天龙(1914－1996),字鹤濂,号松庵,别署棕槐主人,1914年生于朱泾待泾村,毕业于无锡国专,与钱锺书等文化人物为好友。著有《棕槐室诗》《棕槐室诗话》《怀碧轩文稿》等。其父彭佐君系清末秀才,其伯父亦擅古典文学。受家庭熏陶,彭自幼酷爱古文、诗词。并经常与同乡诗人高燮、姚光、白蕉等诗简往返、互相唱酬,还结交了当时国内著名诗人李拔可、陈鹤皋、谭泽闿等。金山办了《春华文艺报》,他亦经常有诗发表。民国32年(1943年)任金山县初级中学校长。1949年后继续留任县初级中学教员,1960年2月调入金山县图书馆为管理员,20世纪70年代从金山图书馆退休。1990年9月,金山县教师进修学院开设"古诗吟诵"课,聘彭上课并作吟诵示范,并制作了电视专题片,在以后各届放映,博得历届师生一致好评。时日本诗词代表团慕名来金山,请彭吟诵古诗,抑扬顿挫,尽显古诗韵律之美,使日本客人大为倾倒。1996年3月1日因病去世,终年84岁。

彭鹤濂著有《棕槐室诗》《棕槐室诗续集》,共收诗700余首,此外尚有评论集《棕槐室诗话》。他的诗先后被选入《当代中国诗词精选》《当代中国诗词选》《20世纪名家诗词钞》《上海近百年诗词选》《五四以来诗词选》《当代中华诗选》和《海峡诗声》等诗集。彭老被中国诗词协会、上海乐天诗社、上海市文史馆春潮诗社、湖南岳麓诗社、美国纽约四海诗社、日本诗词协会等海内外诗词团体吸收为会员。彭老在待泾曾有自己的居所,面临秀州塘,橹声帆影,时过窗前,即以"橹声帆影"名其楼。彭老曾有诗曰:何日返旧楼,秀州塘畔住。晨听橹声来,暮看帆影去。

据朱泾镇文体中心高主任和金山博物馆小高考证,待泾村以前还有建于清代乾隆三年(1738年)的蒋泾庙,坐落于今待泾村蒋泾2组。原系蒋泾3组彭叔方祖上彭维周的家族祠堂,为家训、家规训示处。后在祠东建观音殿,安置观音菩萨一尊,俗称蒋泾庙。每年清明节起,有庙会2天,2年中做1次社戏,附近乡民视蒋泾庙为本庙,都来赶庙会,很是热闹。清代咸丰年间,毁于战争。光绪二十一年重建,民

串马灯

国初期,南社诗人高吹万书写蒋泾庙悬于大门上方,民国36年(1947年),因年久失修而倾塌,又重建,并又请彭鹤濂撰写《重建蒋泾庙碑记》。1971年,拆后埭,建蒋泾小学,1974年,拆前埭,造幸福中学。今为霓虹服装厂。

待泾还有非遗项目"马灯舞"。20世纪30年代,待泾村西陈屋人彭玉良、王岳连等人筹建陈屋串马灯队,时有彭玉良、王岳连、王岳初、王岳梅、彭云光、姚惠方、姚惠祥、姚惠贤等30多人,共推彭玉良为马灯队队长。串马灯以室外为演出阵地,一般30－50人参加。演出时间从农历新年到正月底结束。表演一般在晚上进行,表演开始,由四盏灯领路,后面紧跟锣鼓,接着领头马、二马出场,后随20盏左右的花灯队,再后是李三娘等各色戏剧人物肩挑各色花篮,最后出场的是手执破扇的马灯队员。表演带有镇邪、祝福的色彩,深受群众的喜爱。解放初期活动频繁,土改后停止。1977年恢复排练。1987年,朱泾乡整理出串马灯舞蹈队型10多种。这年,30多名老队员参加朱泾乡首届艺术节开幕式演出。1988年,参加金山县第二届艺术节开幕式街头表演,获演出奖。上海市民间舞蹈集成办公室为串马灯队的表现制作了录像。

江南历史文化悠久深厚,几乎每一个村都有自己精彩的故事。待泾村绝不仅仅有万紫千红的"花开海上"。如何进一步整合村里深厚的家底,开发适合农旅的"村景"助力"乡村振兴",将是"花开海上"后的下一篇文章。

道不尽的"五龙"故事

朱泾镇有个五龙庙,五龙庙所在的村叫五龙村,是个隐藏于时光深处的村庄。

都说宝地五龙,但很多人不知道究竟"宝"在哪里?在金张公路紧傍五龙港的一处僻幽之地,五龙禅寺静静地矗立在那里。五龙禅寺原名五龙庙,庙里供奉宋朝武将施锷。传说施锷亦是一名神医,善于岐黄之术,能治百病,群众中有疮痛者,都来庙里烧香求治。按照行政区划来说,这儿原先属于新农镇,2005年新农镇和朱泾镇合并后,就属于朱泾镇了。

五龙村。

朱泾五龙庙银杏

如今，五龙村里每家每户的书架上，除了有一本村志，更多了《五龙的故事》一书，这是村委会历时三年，召集村里的能人志士，收集并整理五龙乡俗和民间故事，编撰而成的一本乡土故事集，书中不仅记载有村史传说、历史故事，还讲述了上海最长寿的紫藤树、百年银杏、草鞋墩等古迹传说，更记录了严长荣的英雄事迹、沈庆芳的办学善行等村民熟知的近代佳话。近几年，在青少年暑期社区活动中，村委会将这本书作为社区活动的必读书目，延续乡愁记忆，赓续乡土文化。

五龙村的故事真不少，就在距离张家浜埭东边不远处的爱五路旁，有一处安浜桃园（今五龙村21组），清朝武英殿大学士赠少傅谥文恭王顼龄的阁老坟就隐匿在这里。

大约在三百多年前，在京城供职的王顼龄天性淳厚、办事谨慎、克己奉公，深得康熙、雍正两位皇帝的器重，到其八十三岁时，已至武英殿大学士兼工部尚书的官职。王顼龄八十四岁寿终后，雍正皇帝念其为国所做的贡献，便将其厚葬至此地。彼时造得雄伟壮丽的茔墓，后被拆毁，今存一块字迹模糊的石碑，其上碑文后经查实为一品大学士张廷玉题写。如今，坟河以南为一片稻田，坟河以北为桃李果园，王顼龄的事迹,犹在传颂,阁老坟的遗迹,犹可寻踪。

另一边,由张家埭再往西走一点,有一条小港也有着一段鲜为人知的传闻故事。相传,明朝开国皇帝朱元璋少时贫寒,在卖盐帮做领班时,打了几条木船,开始走水路运盐,往返于金山卫海滩盐场与金山乃至松江、苏北之间。一天,他们的运盐船队在一处无名小港等潮水,休憩闲聊时,皆以为这无名小港为他们运盐提供了诸多便利,朱元璋便将小港取名为"卖盐港"。自此,卖盐港的名字随之慢慢扩散开去,流传至今,便是现今五龙村境内的卖盐港了。

"各位老朋友们,今天天气不错,我们一起到凉亭那边活动下筋骨吧。"位于五龙村1组的示范睦邻点上,老伙伴志愿者周师傅正带领着老人们开展日常活动,今天,他打算带着老人们到文化长廊了解下村容村貌的大改变,顺便锻炼下身体。自2018年以来,村委会大力推动美丽乡村"六个一"建设,位于姚家娄河旁的文化长廊核心区域就是成果之一。这是一处休闲小广场,设有健身步道、亲水平台、凉亭,场所内的长廊里,图文并茂地展示着村庄的历史文化、面貌变化、区域化党建、村规民约等。

《五龙的故事》

周师傅是一名退休村干部,当初这个核心区域的建设,他也曾出过一份力。"村里附近的老人们大多都走不了远路,小辈们想带老人去镇上住,他们大多是不乐意的,老了老了,就想守着老房子,活动范围也就在这屋前屋后,很多老人甚至连村委会都没有去过。"周师傅说,"这个文化长廊建好后,距离睦邻点就几十米,我干脆把睦邻点的活动范围略微扩大了些,或是带大家走一圈,或是做

王顼龄墓

文化长廊

个简易操,累了就坐在文化长廊里,借廊里的照片,给大家讲讲村里头的老历史、新故事。"

睦邻点活动结束后,周师傅又马不停蹄地赶到了坐落在五龙庙头的一家小小豆腐坊。土生土长的五龙人知道,这里有"小时候的味道"。三十多年过去了,如今的豆腐坊远近闻名,回头客络绎不绝,它却仍坚守在那老地方,坚守那份老工艺,依旧是来晚了就没有了。总有慕名来的顾客问起:"生意这么好,为何不扩大规模?"店主老陈说,就是因为他一直坚持传统老工艺,做出的豆腐才白嫩好吃,量大了就忙不过来了。

细水长流,在这方寸之地,守着一座宅,念着一道味,何尝不是五龙人抹不去的乡愁呢?

而五龙村爱五路边上的张家浜埭,是金山区"美丽一条埭"示范埭,也是附近村民最喜欢去的地方,那里有健身器材、凉亭、棋桌等设施,而隐于绿化中的健身步道连接了宅前道路,形成了村民宅前菜园、果园、瓜园的"小三园"特色,屋后则是集休闲、娱乐和健身为一体"后花园"。尤其是春暖花开的时节,绿化带里的花开了,成片的草坪漫出层层青草香,路过的城里人总是禁不住感叹,羡慕起这样的农村生活。

"施爷爷,我们又来听您讲故事啦!"这日,五龙村的几名年轻村干部来到位于张家浜埭上的村民施爷爷家中。拥有56年党龄的施爷爷,年轻的时候参军入伍,退役后曾在五龙村担任党总支书记,对于党,他有着深厚的感情,对于五龙村,他有着说不完的乡情。不用什么准备,村里的年轻干部说来就来了,他的故事说讲就讲起来了。

"我们做村干部那个时候,村里的物资真的是匮乏,说白了,就是缺钱,想要发展必须先致富,所以就只有农业增产和农村招商。当时,我们好不容易争取到一家钢材厂同意迁到五龙村。但是村镇之间路不通,怎么把生产出的钢材及时运送出去?这难题简直让我们挠破了头。在大家共同商议后,多方筹资买了拖拉机和运输船,这家企业才正式落户下来。后来村民看到后,也有很多去学了开拖拉机,还有自己买拖拉机的,有了企业,村民工作也多了选择,渐渐地,很多事情都方便起来了。"

施爷爷的家现在成了五龙村"党群服务点"之一,施爷爷的"上红课",几乎已是习以为常了。近年来,为提高村民在家园建设中的参与度,村里经常以宅基点为平台,抓阵地建设,推文化宣传,埭上的村民,时不时就围坐在一起,唠家常,学新思想,好不热闹。

而在这条埭的另一户村民家中,还设有一处妇女议事堂,据说当初创建"美丽一条埭"时,由于一些"小风波"一度停滞不前,后来在村委会的大力支持下,这支小小的妇女团队可起了不小的作用。埭上村民团结一心,创造出如今的美丽家园,让大家实实在在地有了村民自治的获得感。

风雨五龙,古道沧桑,从过去走向未来,有五龙人道不尽的五龙事。岁岁年年,芳华不逝,五龙村的故事静谧且悠长……

施爷爷家

"内外兼修"的"全国文明村"

  大茫村的美,不单单是村里人的骄傲,还让邻村人和镇上人都羡慕。该村2011年起成功创建全国文明村,十多年间,她的发展不但没有因名声和荣誉而沾沾自喜、停步不前,而且在"内外兼修"中大幅提升,村民群众正逐步过上与时代同步的现代城镇生活。

大茫村。

秋高气爽,蓝天白云下,走进大茫村,一排排白墙黛瓦的小楼点缀着农耕文化墙体彩绘,农房门前的菜园子里生机盎然,"家在园中,村在景中",一幅迷人的新农村画卷铺展开来。新老村庄有机融合、居住环境不断提升、村民幸福感持续攀升,新时代田园梦想在广袤的大茫大地从梦想照进现实,新农居串点成线、连线成面,从"一处美"变为"一片美",为美丽乡村、乡村振兴提供了一份可行的大茫答卷。

大茫村村域面积5.66平方公里,耕地面积5501亩,辖有34个村民小组,拥有1117户、3420人。村党总支下设4个支部,共有8个党小组,党群服务点6个,现有党员158人。自2011年起已连续三届成功创建"全国文明村",先后获得"中国宜居村庄示范"、"中国特色农庄"、全国"一村一品"示范村、"全国防震减灾示范社区"、"全国美德在农家活动示范点"、"上海市五好村党组织"、"上海市民主法治村"等十多个国家级、市级荣誉称号。

"一埭一景"留住乡愁

美丽乡村都有一段羽化为蝶的经历。大茫村的"美丽乡村一条埭"要数杜圣埭,自2019年11月起,这条埭经过近一年的整治和提升版改造,如今"一埭一景"已初见成效。

杜圣埭一景

杜圣埭一景

根据《大茫村志》,杜圣埭有其传说。相传清朝年间,沈福明的父亲是江苏宜兴一位看地(风水)先生,己巳年四月中旬,他来到大茫塘南面村埭的张友德宅基,看到那儿东南角竹园里有一只大笋,看地先生认定这里是风水宝地,将来会出皇帝将相之人才。这是天机,不可泄露。但看地先生还是将这秘密告诉了张友德,秘密一出口,突然间天空一道白光,看地先生眼睛失明。于是,家境贫寒、心地善良的张友德收留了看地先生,照顾他的起居饮食。年复一年,看地先生衣食无忧,可内心总觉得亏欠张家很多,想着回老家,不再打扰张家。临走前,他让几个孩子带路找到竹园的大笋,两手摸着大笋上的露水,擦拭眼睛,突然双眼神奇地恢复了光明。第二天这只大笋发黄而枯死。复明的看地先生离开张家,回到宜兴老家生活。多年后,看地先生把这段故事告诉了自己的儿子沈福明。为官的沈福明为了报答张友德照顾父亲之恩,在办事回家途中路经江西景德镇时买了一块大石头,全家人一商量,由沈福明亲笔在石头上写上"杜圣"二字,沈家人还专门找到张友德宅基,可张友德已过世多年。于是,沈家把石头运到竹园出大笋之地安置,附近的百姓纷纷前去观看。石头上刚强有力的"杜圣"二字引人注目,该村埭于是叫"杜圣",杜圣埭的名字流传至今。

如今,走进杜圣埭,只见一排排农家房屋被粉刷了白色墙面、红色窗框,宅前由废弃砖瓦堆砌了"小菜园、小果园、小花园",门前统一砌了洗衣板、挖了水井,水井上则画有"二十四节气"彩绘图,还新划了停车位。"文明新风好,待人诚恳有礼貌,粗话脏话要改掉;移风易俗好,婚丧嫁娶不攀比,勤俭节约常做到……"在杜圣埭北侧,因地制宜打造了两面特色文化墙,不仅是村域内一处风景线,而且还印有大茫村村规民约,成了"文明墙""教育墙""景观墙"和"民心墙",美化了生态环境,让乡风文明飞入寻常百姓家。"不忘初心、牢记使命""社会主义核心价值观"等宣传微景观,图文并茂、通俗易懂,文明新风尚在潜移默化中传播开来;水牛、犁、水车,这些乡村小景,再现了传统农耕文化的劳作场景,留住乡愁。

"杜圣康堂"普惠群众

在杜圣埭上,有一处大茫村新时代文明实践站"杜圣康堂"远程医疗点和新时代文明实践点。在这里,村民们在家门口就能享受远程医疗就诊、参加各类喜闻乐见的活动,逐步实现"群众在哪里,党群服务就延伸

远程医疗点

到哪里,文明实践就延伸到哪里"。

"老伯,冠心病术后一年,先到就近医院检查血脂,后续根据检验结果,决定是否持续服药,再制定健康管理方案,您平时注意多休息,合理饮食,加强日常保健……"前不久,在远程医疗点,进行了一场"云端"会诊服务,村民庄老伯通过屏幕"面对面"在线咨询上海市第八人民医院心内科专家王医生。王医生通过就诊系统看阅了其病历、检查等资料,并进一步询问病情,最终为远在62公里外的庄老伯给出了专业、详细的诊疗意见。整个过程不到半小时,这种"云端"诊疗不仅效率高,还解决了患者外出看病带来的长途奔波、过高的医疗费用等问题。"要是自己去市里看病,首先路程不熟悉,需要换乘好几辆车,花两三个小时,然后挂号人也多,费时又费力,好在家门口来了大医院的专家,也帮我解了疑惑",76岁的庄老伯连声感谢党和政府的政策好。

朱泾镇首个村级远程医疗点的投入使用,有效缓解了村民看病难问题,实现优质医疗资源共享。自2019年4月,大茫村党总支部和上海市第八人民医院党委结对共建以来,坚持把抓党建促发展与实施乡村振兴战略相结合,扎实开展健康帮扶等各项工作,不断深化结对共建成果,推动宅基义诊等活动持续开展,惠及广大村民。随着"不忘初心、牢记使命"主题教育的深入开展,双方走村入埭,了解到村民对问诊咨询、健康指导、儿童保健、预防知识等方面有很大需求,为此,由市第八人民医院提供医疗服务、永太公司出资,在大茫村建设远程医疗点,让村民"足不出村"就能享受到高质量的医疗服务。

远程医疗点每月有远程会诊排班表,周一至周五相关时间段,来自神经内科、妇产科、耳鼻喉科、普外科等专家"云端坐诊",为村民提供全方位医疗卫生服务,同时将医疗服务范围辐射到周边村。市第八人民医院老年科、外科的专家们还为村民们带来宅基义诊,专家们一方面耐心细致地解答就诊村民咨询的问题,同时还向村民们普及健康知识,增强村民自我保健意识,村民们大受欢迎。

我们走访途中偶遇八十多岁高龄的张永法老伯,1959年,18岁的张永法光荣地成为解放军中的一员,并在旅顺口的海军部队服役。转业后的张永法回到朱泾从事企业管理和党务工作,曾担任过朱泾石灰

鸟瞰大茫村

"桃太郎番茄"品牌

珠丰甜瓜

厂党总支书记。他介绍说，杜圣康堂外的空地是个晒谷场，有一口年代久远的深水井。1949年5月中旬，当时的金山县城朱泾早于上海市区迎来解放，解放军部队在战斗的间隙就曾派出卫生员在这里为大茫村民看病，张永法至今难忘解放那年解放军的恩情！——今昔"杜圣康堂"，治病救人承前启后永相传。

各色产业百花齐放

稻浪滚滚,小河清清,村在绿中,绿在水中,水在景中,景在村中,恬静怡人。如今的大茫村布局合理,以朱平公路为轴,分东、西二片,规划设计了五个区域,即水稻种植区、水源涵养林区、鱼牧禽养殖区、高档草坪生产区以及文化生活娱乐活动区……大茫村百姓正享受着"美、绿、净、和、畅"带来的成果。

"最美乡村"离不开越来越鼓的"钱袋子",因地制宜发展当地的特色产业,增加村民收入,激发他们保护村庄的热情,乡愁才会有长久寄托。

村级经济是建设美丽乡村、服务百姓的保障,调整产业结构、培育农业品牌是让百姓鼓起钱袋子有效途径。全村5501亩农田,百分之百流转到村里,让本村22位种粮大户承包经营,村里建设7个农业专业合作社。2011年,引进优良品种,打造甜瓜生产基地,在398亩基地中,种植台湾引进的"蜜天下"甜瓜。着力打造上海市著名品牌和金山特色农业品牌,努力为朱泾镇建设成上海市西南地区"甜瓜之乡"添砖加瓦。

该村禾希果蔬专业合作社"桃太郎番茄"品牌,建有25座832大棚、120多亩农田,合作社申报并通过了金山区特色水果种植基地的项目,如今已经拥有路、沟、渠以及水肥一体化设施全面配套,有机转换认证34亩和绿色认证90亩的综合性生态农庄。自建网络营销体系,开展旅游采摘项目,实现了网上购买、现场体验的消费模式。基地被还评为上海市"双学双比"示范基地、上海市扶残涉农经济组织、金山区新型职业农民实训基地等称号,同时还带动了周边富余劳动力的就业。

2017年,该村与上海越剧院一团支部在稻田里结对签约,将优秀传统文化送到田间地头。为丰富群众的精神文化生活,艺术家们将表演"舞台"搭在村民的"前头屋里"的"聚泾彩"党群服务点,充分发挥这些小站点的作用,将"党建+文化"作为站点建设的理念之一,以此提升站点的综合功能,强化党建引领。

平衡发展与保护,大茫村在"内外兼修"中找到了经济效益与社会效益的最佳契合点,让"文明乡村""美丽乡村"承载更多美丽"乡愁",大茫村民们"诗意地栖居在这片土地上"。

古风背后之深蕴

金山朱泾镇有一座名声在外的东林寺。千佛门、善财童子、千手观音像，连同上海单体最大的佛教建筑，让这座始建于元代的古寺，拥有不一般的魅力。

鲜有人知道，就在东林寺的西侧有一座免费的小公园，公园取名"船子缘"，名字甚奇，有些生活、工作在当地的人，若不加注意，甚至也不大清楚这样一个所在。

而近年的中秋之夜，船子缘公园内却出奇地热闹。吴韵古琴中秋雅集会、"朱溪韵 花灯情 江南梦"等主题活动，让活动中的人们恍若置身于汉唐盛世之中，叹赞不已。

"船子缘"。

"千尺丝轮直下垂,一波才动万波随。夜静水寒鱼不食,满船空载月明归。"这是唐代高僧船子和尚写的《拨棹歌》。这首诗写出了天地之间的空灵和禅韵,看似平淡舒缓,却内蕴着无穷的张力,让人有读之不尽、意蕴无穷之感。这首被诸多文豪名士赞颂的禅诗作者船子和尚不仅居住朱泾,"船子缘"公园之名,亦是纪念高僧船子而得名。

说起船子和尚,他不仅是一位诗僧,还是禅宗初祖达摩的第九代再传弟子。后世评价他为"农禅始祖""渔词宗师""集诗僧、渔父、隐者于一身"……

古时,经过朱泾的有大湖曰泖湖,转弯之处称落照湾,一名赤日湾、还照湾。"我乡溪南看日落,湾头毕竟最嵯峨"。据清代《金山县志》记载,落照湾处,日落时"水天落照",把朱泾映染得美轮美奂,让好兴致的人争睹观奇,朱泾由此得此雅称,游览觞咏的文人骚客更是不计其数。唐代时,有一位生于今四川、参佛在今湖南的高僧德诚出师后,来到落照湾,为人摆渡,随缘而居,人们不知其姓名,俗称"船子和尚"。

在"船子缘"公园东区,一湾清流如月环绕,名"新月湾",或就是拾起了朱泾史上十景之首落照湾的形意。新月湾边称为"钓滩"。历史上的钓滩是船子禅文化传播重地,此滩原位于船子缘之西南,千年来,落

落照湾

照湾与钓滩吸引无数文人墨客瞻拜,撰文赋诗,这也与船子的一则著名"公案"有关。

一千年前,爱好山水自然,泛舟朱泾水上的船子和尚在朱泾寻找徒弟,无奈一次次"锦鳞未遇"。就在这时候,有一位叫夹山善会的弟子找到他,二人在船上通过禅语机锋相对,船子和尚最后"覆舟而逝",不知所终,成为震动佛界的"公案"。经佛教典籍与名士诗文记载,此事流传甚广,船子与朱泾声名大噪。

《船子垂钓》(钱云鹤作)

此后,文士、名僧相继来朱泾瞻仰祖师船子神迹。宋代,船子《拨棹歌》完整发现,历代名人留下了大量追慕赞颂船子的诗文、绘画、戏剧,其中有黄庭坚、济公、元好问、赵孟坚、一休(日本)、董其昌、虚云、施蛰存、南怀瑾等的作品。可以说,船子的影响广及古今中外,成了文学、宗教界都难以绕开的一位大师,他之于朱泾,着实是一笔瑰丽与丰厚的文化遗产了。

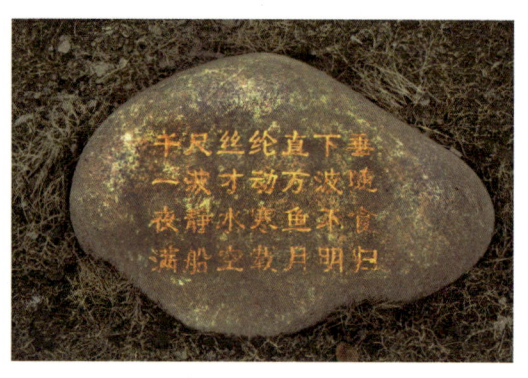

话说采录船子和尚诗词的《船子机缘诗》,在元、明均有刻本。现存船子和尚诗歌39首,统称"拨棹歌、渔父词、越调词"。迄今为止,唐朝词集,全中国仅发现两部,一在敦煌,一为船子《拨棹歌》。1987年,由上海文献丛书编委会编辑,施蛰存作序,华东师范大学出版社出版《船子和尚拨棹歌》。漫步公园,林木草丛中即分布着采自船子和尚《拨棹歌》的石碑,让游园者低头欣赏,醉步翩连。复旦大学教授陈尚君在研究上海江南文化时写道:唐时没有上海,但上海有唐诗,船子和尚是"上海文学史上不能不提到的重要诗僧"。华师大终身教授胡晓明慨叹:这个船子和尚,真是写透了千古江南文人梦……

唐咸通十年(869年),僧人藏晖在船子"覆舟而逝"处建了"建兴寺"(宋称法忍寺,俗称西林寺),素称"船子道场",意为船子和尚在此传道地。宋代的法忍寺亭台楼阁、花木扶疏一应俱全,也是一处园林式的建筑群,建有船子殿,西峰院、宝月院、深隐院等。事实上,今天公园内也有相应的建筑,一继唐风禅韵。比如景区内有船子殿、船子钓滩、寒山阁、齐已轩、竹深堂等多个景点,其中原法忍寺中竹深堂,取船子和尚《拨棹歌》"钓竿斫尽重栽竹"句意命名,竹深堂也为历史上"朱泾十景"之一。此园虽说不大,但处处体现船子文化、禅韵文化、朱泾传统文化,遍布林木,浓荫依垂,清新可爱。

从这些景观看,公园微缩了落照湾、钓滩、法忍寺等朱泾历史上的景点,让人不由对朱泾的渊源心生遐想。如果说,园林像一个人,形是外貌,这些构筑在园内的有丰富内涵的一桥、一亭、一廊、一石、一木是有了朱泾传统的"魂魄"而生动有味。

在船子缘东侧的东林寺,其实也是有着"船子缘"的。元智禅师是法忍寺的一位高僧,他开山了法忍寺西侧的观音堂。有一次,元智去北京进献观音菩萨铜像,当时北京大旱,元仁宗命元智禅师等设坛求雨,果然灵验,大雨如甘霖而至,于是皇帝赐元智为"佛日普照大德禅师",观音堂御赐改名成东林禅寺,带着皇帝赐予的荣耀,元智把东林禅寺推向了辉煌。

法忍寺砖幢

黄庭坚像

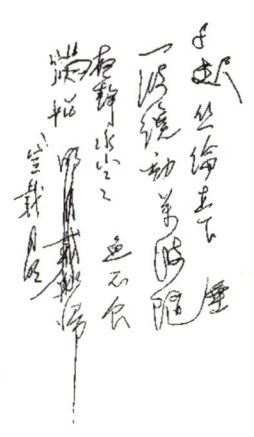

赵朴初先生手书
《拨棹歌》

43

东林寺

  几年前,历经兴衰的东林寺"盛装归来"。如今,东林寺内金莲池中一尊净高5米多的景泰蓝善财童子像,被大世界基尼斯之最列为世界最高的景泰蓝。雄伟的观音阁,被大世界基尼斯之最定为世界最高的室内观音像。大门上刻有九百九十九尊铜观音像的观音阁铜门,则被大世界基尼斯之最评为世界最高的铜门。三个"之最",是为东林寺之重要景点。

  而在重建的圆通宝殿中,还有一座殿中殿,该殿工艺精美,金碧辉煌,金殿中供奉有一整块重一吨多的用新疆和田美玉雕琢的"灵雨观音"像,观音半跏趺坐在须弥山上,左脚放下,右脚跷起,自在飘逸,两边有楹联:"灵感灵应,曾记当年传逸典;雨珠雨玉,更于遍界洒甘霖。"让人感悟灵雨之由来,朱泾之底蕴,船子和尚之余音。

  明月朗照,清风徐来,汉灯轻摇。当古装的女子穿梭在"船子缘"公园的亭廊之中,看那芭蕉倚着假石,品那袅袅琴音跃动,此时,朱泾的夜色似乎笼上了唐宋的气象。

  走在这个园内,聆听由船子和尚《拨棹歌》编曲的古琴作品的,曲调转折起落处,可冥想起船子和尚驾舟东来,游居朱泾,被朱泾水天落照而醉,被朱泾之江南神色而醉,被朱泾"烟水烟水复烟水"的优美环境而醉的情状。仿佛希望在园中见着船子诗中提及的芦花、红蓼、烟霞,好分辨是不是唐代的那一丛。

  空空一船殿,静静一轮月。悠悠天地阔,漫漫因缘长……

亭林镇

从"顾油车"到"顾亭林"

知道明末清初思想家顾炎武这位"顾亭林"的人多,而知道南北朝时的古文字学家、史学家顾野王这位"顾亭林"的人相对就少了。其实,顾野王的后人顾炎武,当初正是追慕先祖顾野王才被学者尊为"亭林先生"。

油车村。

金山区文化旅游局副局长陆佰君,从小在亭林长大,当我们和他聊起金山的"江南文化",陆佰君向我们推荐了亭林镇的油车村,说这个小村里大有故事可挖,你一定会有收获。

采访完"花开海上"的朱泾待泾村,我们赶往亭林油车村。一入油车村地界,满目金灿灿的油菜花令人赏心悦目。村党总支书记许建华早早地就在村委会等候了,一见面,就先介绍起了"油车村"村名的由来。原来,亭林地区河网密布,是大好的鱼米之乡,向以耕作、粮油为主要业态。在清朝雍正年间,这里有一家远近闻名的榨油坊,坊主姓顾,人称"顾油车"。到了民国初期,又有一家姓陈的榨油坊,人称"陈油车"。"顾油车""陈油车"的规模都很大,相传磨坊里的大石磨要用八头牛来拉,几十间榨油房一字排开,河道里等着装菜油的船要排上100多艘。因为是重要的粮油集散地,自然形成了村落,村名也就叫了"油车村"。

许书记原来在镇上的工业区工作,到村里当书记后,他首先想的就是先要把村里的"历史文脉"搞清楚,"油车村"既是以"油车"而名,油菜花便是村里最重要的辨识物。邻近的奉贤区庄行镇很早就搞了"菜花节",但庄行成片的油菜田还没有油车村多。要说办"菜花节",许书记

油车村的油菜花

认为油车村才是更正宗的。"陈油车"的后人还住在村里,在他家后院的竹林里还找到了废弃的当初榨油坊的大石磨,陈家后人同意捐出。村里将石磨置于村口,成了油车村新的logo。

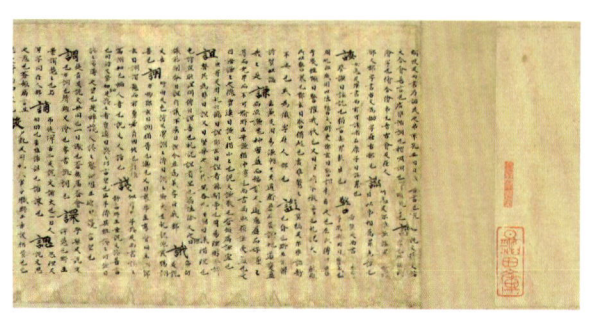

唐人书顾野王《玉篇》

油菜花虽以金黄色为主,但许书记告诉我,其实还有鹅黄、橙色、白色乃至紫色的油菜花。他上任后,村里开始补种"五色油菜",今年4月2日,首届"上海亭林五色菜花节"开幕,成为油车村乡村旅游的主打品牌。800亩油菜田中较为罕见稀奇的"五色油菜花",特别让

雨粟庵桥(桥上的铁栏杆是后来装上的)

人大饱眼福,贯穿村境的一条主要乡村公路九池公路沿路布置了宣传长廊,介绍油车的来历、历史典故、农耕文化和主要农旅景点。"乡村野趣,自在油车"成为油车农旅的宣传口号。

油菜花说得差不多了,许书记的话锋一转,谈起了"顾亭林"。别以为油车村的历史只能追溯到雍正年间的"顾油车"。江南农村藏龙卧虎,顾是江南大姓,"顾油车"或亦和"顾亭林"有关。上海有个顾野王研究院,院长蒋志明正是油车村人。蒋志明曾任金山区教育局局长,还曾被英国剑桥大学邀请进行学术交流,其主要成就是对"江东孔子儒"顾野王的研究。据他考证,顾野王的妻子就出生在油车村一带乡下,顾野王晚年很可能也正是在这里著书立说。历代都有文化名人如王安石等来过此地追怀"顾亭林",留下过不少诗作。

许书记带我们穿过一片油菜田,来到一座石板桥前,这座桥叫"雨粟庵桥",桥边以前有座"雨粟庵"。西汉成书的《淮南子》有"昔者苍颉作书,而天雨粟、鬼夜哭"的记载。而顾野王最大的功绩,是任梁朝太学

博士时，奉命编撰字书，"总会众篇，校雠群篇"，搜罗考证汉魏齐梁以来古今文字形体、训诂的异同，编撰成"一家之制"的《玉篇》30卷。此书为继东汉许慎《说文解字》后又一部重要字典，也是我国现存最早的以偏旁部首为体例的字典。以纪念苍颉的"雨粟"二字命名"雨粟庵"绝非偶然，据蒋志明考证，"雨粟庵"正是顾野王庙。

"雨粟庵桥"一带，气场绝佳，郁郁黄花，野趣盎然。桥边还有一株有些年头的银杏树，还有一个旧池塘的遗迹。"雨粟庵桥"尚在，"雨粟庵"已不存，但村中老人却记得这儿历来有香火，就在旧址处搭建了一个简易棚屋，每逢民俗节日自发地进行祭拜。虽然乡野村民们可能已全然不知所祭为何方大神。

许书记告诉我们，"雨粟庵桥"现已被列为金山区文物保护单位，村里打算重建"雨粟庵"，但并不是修豪华的大庙，而是根据考证重建那所乡间小庙，保持原有的野趣。

谈起"农旅结合"、"乡村振兴"，油车村的许建华书记思考得颇深，他说："乡村振兴不能变成千篇一律的大造星级旅游景点，请一些规划师建筑师设计臆想中的'江南文化'风格。搞几个'网红景观'吸引游客当然可以，但这么多的村，不能全这样复制。更可行的是要因地制宜，不用花太多的钱，挖掘和发扬真正有根基、有底蕴、土生土长的'江南文化'特色。"

他告诉我们，油车村的规划是因地制宜在村里开发四五处"乡村小景"。除了文化底蕴深厚的"雨粟庵桥"和"雨粟庵"之外，"80后"知名作家韩寒的外婆家就在油车村，村里拟将她家老屋改建成"韩寒姥家书屋"，还准备将原来村民耕余捕鱼捞虾的小渔船也放几条在村里小河里作为景点。不管是"五色菜花节"期间还是平时，游人来到小村，除了田园野趣，还颇有几处耐人寻味的"乡村小景"可赏玩歇脚，感受真实的"江南文化"。还可以在农家乐一尝亭林久负盛名的"响油鳝丝"，顺便向农家买几个吹弹即破香甜四溢的"亭林雪瓜"，其乐何穷。

"乡村野趣，自在油车"，贵在"野趣"和"自在"，既服务了钢筋丛林里的城市市民，又改善了农村环境，也给村民带来更多的收益。

借力古镇蓄势待发
乡村振兴扬帆起航

在亭林镇后岗,一户华姓的宅院内有一棵柚子树,已有一百余年历史,每到秋季,柚子挂满枝头,清香扑鼻。由一条后岗塘而得名的后岗村,依托后岗古镇文化、历史底蕴的聚集、辐射效应,正走向繁荣,展现新姿。

后岗村。

一度曾与亭林、干巷"三足鼎立"

后岗老集镇位于亭林镇西部,松前公路南端,面积0.60平方公里。新中国成立前属松江县管辖,1949年划归金山县,为张泾区人民政府后岗乡治所在地。

后岗塘贯穿镇区,河南即为后岗村。

据村志记载,后岗集镇明朝起已有集市,到清朝中期,镇上殷实人家颇多,街面青石铺路,虽经几度兵荒马乱以及日军焚烧,后又渐渐恢复,店铺不下百家,有七八百人口。

新中国成立前,市场繁荣。有脚摇船,天天从后岗到松隐接送货物,供应后岗市场。20世纪60年代,曾有小汽轮到上海接货充足市场。镇上有茶馆4家,并设有夜市书场,听众较多。镇上还有肉庄、豆腐坊、鱼店、百货商、米行、饭店等。

新中国成立后,镇西有生猪收购站,中段有医院、信用社、邮政代办所、剧场等,镇东有棉花收购站和粮管所,还有幼儿园、小学、中学。

20世纪80年代中期,集镇商业活跃,个体以及合作商店日渐增多。至2010年,有农贸市场、超市等商铺50多家,商业的繁荣程度与亭林、干巷齐名,并呈"三足鼎立"之势。

随着时代的变迁,后岗老街的年轻人一个个外出读书、工作,居民也一户户搬到城里去了,街上的老房子有的已经翻建了新居,有的年久失修已经坍塌,现在后岗变得越来越冷清,几乎已经没有了古镇的气息。

1999年—2004年,因建松卫公路和上海国际旅游城,后岗村东片拆迁24户村民房屋,在后岗塘南新建商住两用楼28幢,形成后岗新集镇。新集镇水陆交通便捷,有农产品自贸市场、超市、南北杂货、点心等商铺30多家。还有老年活动室、农家书屋和健身、腰鼓、秧歌、广场舞专用场地,人气超过老集镇。

美丽乡村建设扬帆起航 风生水起

后岗村自从上海市美丽乡村示范村建设全面开始后,投入资金,在松卫南路后池路口建造了一个既美观大方又造型独特的"后岗"门头,在

门头边还竖起一个高12米的"全国一村一品示范村"的荣誉标牌,在后池路的北面安装了一块电子屏,每天滚动播放后岗新貌及系列特色农产品和后岗美食。

在美丽乡村建设中,后岗村还以紫石泾为界,分四大块进行景观打造。紫石泾河东,除了植树绿化外,还铺设了健身步道600米,完成松卫南路东侧金家埭的绿化种植,共计3000余平方米,还新辟休闲步道近300米。同时还翻建了陈家桥,在紫石泾桥头填土约4000立方米,铺步道、种绿化,建造了一个千余平方米的亲水、近水平台。成

了村里一个依水傍水、亲近自然的特色小景观。

紫石泾河西,有一块后岗村美丽乡村示范村建设的景点。在这块景点打造上,突出了后岗的人文历史和名胜古迹,从中反映出后岗的文化底蕴。

如果漫步后池路,大家看到,在步道的旁边,竖立了介绍后岗人文历史的六块宣传版面。这些版面的内容主要包括:金山区文物保护点的后岗承德桥;后岗的由来及老街风貌;后岗的传说;金山博物馆收藏的《明故太学晋庐王公墓志铭》;后岗紫薇花的传说等。

在后岗村7组,有一个5000平方米的大景点,布局新颖,美观大方,气派十足,满眼绿色,人见人爱。

但是这里原来以农户的自留地为主,农户之间为种植利益相互挤占存在矛盾多,私自搭建鸡棚鸭棚多,宅前环境脏乱差。去年开始,村里挨家挨户做思想工作,晓之以理把道理讲清楚,终于得到农户的理解和支持。之后,村里把29家农户的自留地面积全部流转,让他们在经济上得到一定的补偿,不让他们吃亏。

土地平整好后,村里结合美丽家园、绿色田园、幸福乐园建设,辟出1500平方米土地作为"结对菜园",种植时令蔬菜,为结对单位提供一些新鲜食材,表示村里的谢意。因为每年逢年过节结对单位都要拿出资金,看望慰问村里的贫困户、高龄老人及重病患者等。

在这块大景点的旁边,有块小景点,它的名称叫"法治文化园"。这是全镇第一个村级法治文化园。打造这个景点的目的就是为了教育引导村民提高法治意识,依法办事,遵纪守法,遵守村规民约,推进村民自治和社会治理,有效减少矛盾纠纷发生率,提高村民的安全感和满意度,从而提升精神文明建设水平,全力促进美丽乡村示范村建设。

三里后池路　美食一条街

近日,装修一新的后岗壹号农家饭店开业。谁能相信,一个小村,目前竟有大小饭店13家,而且都生意红火,食客络绎不绝。究其原因,是优质、生态食材吸引了人们的眼球,勾起了人们的食欲。

去年以来,后岗村围绕"三里后池路,美食一条街"思路,编制村庄规划,让后岗美食香漂千里,吸引游客,发展旅游,助推乡村振兴。

说起后岗美食,村民的自豪感溢于言表,如数家珍。

雪瓜　2013年,后岗村辟出360亩土地种植雪瓜。经过三年的努力,终以"香、糯、脆、甜"的独特口味打开了销路,产品供不应求。2015年,亭林雪瓜获得了国家农产品地理标志证书,并与三林崩瓜、七宝黄金瓜及罗店青皮绿肉瓜并称上海"四大名瓜"。从此,百年雪瓜再次焕发光彩,令人刮目相看。目前,全村成立种植农民专业合作社8家,共有100多农户种植雪瓜,人均收入达到2.2万元,成为名副其实的"一村一品"示范村。

羊肉　松隐羊肉早已远近闻名,经久不衰,而后岗羊肉和松隐羊肉的烧制方法一脉相承。目前,一个小小的后岗,每天白山羊的消费量达到3头,有红烧、有白切,而卯时羊汤的销售更是独领风骚,有一个庞大的消费群体,食客百吃不厌,大家三五成群,一边喝酒一边聊天,感觉生活就像羊汤一样鲜美、快乐,充满了幸福感。

鳝丝　现在大家到后岗来吃饭,大多是冲着响油鳝丝慕名而来,这道菜在新后岗饭店已经烧制了20多年,曾经获得过金山区烹饪大赛第三名。响油鳝丝之所以好吃,其食材是关键,这道菜所用的原材料都是当地老农用弯笼捕捉的野生的黄鳝,他们把大的拿到市场上去卖,把较小的就卖给了当地饭店,这样的黄鳝,不仅新鲜,而且肉质好,营养价值高。鳝丝炒好后,一勺热油浇下,滋滋作响,即刻香气四溢,让食客大快朵颐,吃了还想吃。

酱鸭 大家都知道,亭林有一道美食就是亭林野鸭,它与亭林月饼齐名。而后岗酱鸭,这几年的口碑也越来越好了。酱鸭选用的也是当地农民饲养的时间较长的老鸭,当天宰杀,当天烧制,浓油赤酱,色泽饱满,肉质肥而不腻。后岗酱鸭与众不同的是,在烧制过程中,不加白糖、红糖、冰糖,而是添加了蜂蜜,采用蜂蜜来增甜,使鸭肉更加鲜美,颊齿留香。

肉鸽 2007年,金皇鸽业落户后岗村,养殖场规模最大时拥有进口种鸽6万对,年销售额达到1500万元,是集种鸽培育、乳鸽生产、肉鸽销售为一体的农业企业。后又添置设备和生产加工流水线,经营熟食制品。由于不断完善熟食制品的加工工艺,打开了销售局面,产品赢得了市民的青睐,远销多个省市和地区,"胖鸽鸽"品牌曾经连续多次被上海市商业联合委员会评为"十大畅销品牌"之一。

肉圆 后岗人自古以来就讲究团圆,团圆代表圆润、圆满,肉圆也诠释了这美好的寓意。制作肉圆的猪肉肥瘦相间,肥瘦比例是3:7。先把肉切成片,再切成丝,再剁成肉糜,加姜、葱、糯米、淀粉、鸡蛋、盐、生抽、糖、料酒等调料,然后按一个方向不停地搅拌,直到有黏稠感。肉圆成型后,放在油里炸,炸到金黄色,炸好后放酱油等调味品烧透,最后收汁。出锅后,在上面再撒上一小把葱花,青翠欲滴,让人胃口大开。

亭林古松园的那棵松、那些事

　　亭林是江南的历史名镇。悠久的历史长河,孕育了璀璨的文化。四千多年的时光,祖辈先人们的思想凝结成晶,经历了岁月的筛选和沉淀后,散发着低调内敛却让人无法不瞩目的光芒。特别的人物,特别的古树,特别的故事,穿越时空娓娓道来……

古松园。

一个古老的镇邑,势必物华天宝,人杰地灵,只是由于各种原因,留存下来的胜迹或多或少。就亭林而言,经过时光的雕刻,有的历久弥新,有的洗尽铅华,更多的是斑斑驳驳。有心人会拂去那表面的飞尘,怀抱探究的心探向深处,时光所包含的东西,总会在不期而遇间,让你收获多多……

相传的"亭林八景"有读书堆、松雪碑、楞严塔、仙人洞、洗砚池、八角井、览翠楼、剔牙松(铁崖松)。可以说几乎无有"古迹"了,而今我们也仅仅是翻翻史料,荣光一下故乡罢了。亭林八景中保存最好的就是铁崖松。

为此张青云老师(上海市文史研究馆特聘研究员、金山区图书馆古籍部主任、金山区诗词楹联学会会长)特作词一首:

鹧鸪天·咏亭林杨维桢手植江南第一松

张青云

铁骨霜柯亘碧霄,拏云几见鹤来巢。

雷摧电灼伤前劫,雪虐霜欺证后凋。

钦劲节,讶孤高,苍然黛色映林梢。

天风起处龙吟作,谡谡犹能卷怒涛。

亭林古松园

而今位于亭林镇复兴东路106号的古松园内这棵罗汉松,系元代文学家、书法家杨维祯(1296年-1370年)手植,因其号铁崖,故人称"铁崖松"。又因该松秋后叶片上出现黄色斑点,形似骨牌,俗称"骨牌松"。此松家喻户晓,遐迩闻名,代代相传。考其树龄,据杨维祯自记云:"余客松游亭林,寻野王读书台,已夷为隧陇,化为草棘。"杨至亭林寻访顾野王遗迹,正逢其寿辰。时有门人留之小住,于东街设宴为其祝寿,酒酣兴浓,杨欣然亲植罗汉松于庭,以志寿庆。

这棵距今已有660余年历史的古松,已作为"江南第一松"被列为上海市级重点保护文物之一。1987年金山县人民政府和上海市园林管理局建立古树古木保护碑(编号为0598)

这棵古树经历六百多年的风霜雨雪侵蚀、战乱、自然灾害袭击,历尽沧桑,树干已损,令人惋惜,仅剩半株,而仍然郁郁葱葱,枝叶常青,傲然屹立,更显古朴之态,人们为之欣慰。该松树高7.20米,树蓬4.80米,胸围2.80米,胸径89.17厘米。入门漏窗里一株盛开的腊梅,园中央就是这一株660余年龄的罗汉松,紧靠铁崖松还有一株170多年树龄的厚壳树,如此紧挨紧靠,长命百年,堪称奇观。园内长廊、堂房、亭阁、假山、小桥流水四周围绕,典型的江南园林风格,虽小却十分精致。最近无意中在抖音上刷到本镇爱好摄影、美食、旅游的文艺青年@亭林大朱拍摄的亭林古松园,这画面、这场景……简直美极了!

上海古树中多见的是银杏,罗汉松更显珍贵。古松的下部受损严重,似乎只剩东部的1/2树皮,可是其树冠依然茂密旺盛,呈现其风骨之遒劲,是古松园的最大看点。2020年亭林镇打造亭林东街开辟了新的铁崖公园(古松园包含在内),其周边大批房屋被拆除,待改造完毕,历史沉淀厚重的古松必将再次焕发青春、再添魅力。

沉淀后的风景,总是让人等到风景都看透,还是觉得她别有一番风情。然后,在骄傲的感慨中,一代代,记录着,传承着,将过往的片段沉淀成一河流沙,亘古不息……

资料记载

杨维祯(1296-1370),字廉夫,号铁崖、东维子。原籍浙江诸暨。少年时,其父亲筑楼于铁崖山,聚书数万卷。他终日勤读,自号"铁崖"。元泰定三年(1326年)中进士,初任天台县尹,后调任钱清场盐司,因不善逢迎,10年不获升迁。元修辽、金、宋三史,他作"正统辩"千言,总裁官欧阳玄赞叹:"百年后,公论定于此矣"。后调任江西儒学提举,因兵燹交通受阻,未成行。随之浪迹浙西,遨游山水,以诗书自娱。张士诚据浙西,屡召不赴。后以冒犯丞相达识帖木儿徙居胥浦(今金山境内)。

杨维祯居元末诗坛领袖地位,其诗作称"铁崖体",风格纵横奇诡,驰骋异想,眩人耳目,留下了大量传世佳作。又善行、草书法,走笔刚劲雄健。还钟爱音乐,喜吹铁笛,自称"铁笛道人"。多才多艺,造诣皆深。

徙居胥浦后,杨维祯过着多年的隐居生活。官召不赴,惟会文友,曾先后结交张堰杨谦、廊下陆居仁、吕巷吕良佐、亭林陶宗仪等一批文人墨客,常在一起吟咏唱和,诗赋相乐,留有《不碍云山楼记》等诗作。吕良佐倡设"应奎文会",杨维祯欣然当主评,吸引了大批慕名而来的赴会者。杨维祯与陶宗仪一家交往长达7年之久,陶宗仪以"执弟之礼"相敬杨维祯,杨维祯视陶宗仪为高门弟子,授学相长,情深意投。期间,他又为朱泾"古涧寒泉"、松隐名刹寺庵,以及一些文人的书斋,名人的墓碑题词、赋诗、作记、写碑文。惜已荡然无存,唯铁崖松犹在。

元至正十六年(1356年),正在亭林会友的杨维祯,一日去寻访顾野王的遗

址,被园主热情挽留小住。杨氏恰逢其六十寿辰,便趁东道主为他设宴祝寿之兴,去庭园内亲植一棵罗汉松。几十年后,小树长成了参天大树。盘根错节的树根,仿佛勾勒出"尽在不言中"的秘密;绿叶浓郁的树冠,犹如一顶张开的大伞。铁崖松下,常有文人相聚,承"铁崖"好学之风,谈诗论经,相互切磋,以文会友。六百多年已过去,铁崖松几经沧桑,不畏战乱、风雨侵袭,落下枯叶长新枝,依然满树葱绿,枝繁叶茂,傲然屹立。见物思人,见景生情,后人见到这棵古松树,自然会联想到植树人、一代诗宗杨维桢,更激起对他"不受君王五色诏,白衣宣至白衣还"人生品格的崇敬。

新中国成立后,这棵古树被列为省、市级文物加以保护。1983年10月上海市人民政府关于《上海市古树名木保护管理规定》颁布后,市园林管理局曾发函致各地调查,经调查后确认铁崖松树龄最高,遂定名为"江南第一松",被列为市级古树名木予以保护。1985年冬,金山县政府拨款9.3万元,由亭林镇政府负责承建以铁崖松为主景的占地525平方米的古松园。南门照壁上,刻有"古松园"三个苍劲篆体大字,与古松相映生辉。2017年亭林镇政府又出资进行了整修。园内还有曲折回廊、小桥流水、假山奇石、凉亭草堂,四周遍植红梅、翠竹,增添了古松园文化底蕴。游人不绝,赞叹不止。

亭林文化绵延不断的根基

在熙熙攘攘的亭林镇华亭路上,有一处亭林公园,现在也是3A景区亭林遗址公园的一部分。亭林史迹馆、曲意廊、松雪碑、葫芦池、名人廊、国学景观小品……亭林公园既是市民游憩休闲、运动放松的场所,也是游客感受亭林文化生活氛围的好去处。

亭林古文化遗址和良渚文物碑是这里最具历史文化特色的景点之一。良与渚的组合,就是美好的水中小洲的意思,如一首优美的诗,似一幅清丽的画。

亭林遗址公园。

早在1966年，这里经多次考古发掘后，出土发现了较多的良渚文化等遗物，证明四千多年前亭林就有先民居住，可以说为中华五千年文明提供了无可辩驳的实物依据，这些文物现大多收藏于金山博物馆。

良渚文化是环太湖流域以黑陶和磨光玉器为代表的新石器时代晚期文化，揭开了中国礼制社会的序幕，是中华文明的起源之一，力证中华文明五千年从未间断的脉络。亭林古文化遗址现为上海市文物保护单位。金山博物馆的logo就是出土于此的盛饮料的神器——袋足陶鬶(guī)。

亭林良渚文化遗址中出土了大量做工精美的石器，代表着新石器时代制作工艺的最高水准，上海最早的石镜就是从亭林出土，象征着良渚先民已经有了美的意识和追求。此外亭林还出土了精致的玉器(其中九节玉琮为上海地区出土的节数最多的玉琮)、极具特色的泥质灰胎磨光黑皮陶器(陶片上刻画有似"#"和"A"等形状的"原始文字")，无不说明亭林文化遗址的文化高度与"美"的基因。

继续往前走是松雪碑，又名子昂碑，系元代书画家赵孟頫(1254-1322，字子昂，号松雪道人)所书。碑文共953字(不包括碑首与文题14字)，碑文名《松江宝云寺记》，记述重修宝云寺事宜与顾公野王的故事。

碑文正文一开头就写："顾亭林湖在华亭东南三十五里，湖南有顾亭林，顾公野王尝居此，因以为名……"整个碑文以大半篇幅述顾野王事。碑文记述了在原宝云寺基处挖掘出当时已经残缺了的断石碑的经过与考证，记载了那块残断石碑上刻有"寺南高基，顾野王曾于此修舆地志"14字，以及发掘断碑的时间在后晋天福年间(936-944年)。

发掘断碑是在五代十国时期，当时寺名为法云寺，后法云寺焚毁，重建后改名宝云寺，子昂碑也成为亭林名胜古迹一景。现仅剩碑帽及碑文残块，诉说着赵松雪与宝云寺的前生今世。

在公园深处，"亭林史迹馆"的牌匾引人注目，新改造的史迹馆中有文物、书籍、影像资料，展示亭林的千年时光，从实物来穿透千年文化感受亭林的魅力。不少游客在此探幽访古、追寻历史。

走出亭林公园，沿着华亭路往东走，不消几分钟，就来到了寺平南

路,这里与商业大街寺平北路相连,却独有一份闹市中的宁静。而亭林遗址公园除亭林公园外的另外两处景点——亭林书院和顾公广场就在这条路上。这里少了些严肃,多了些徜徉文化空间的惬意。你可以静下心来品一杯茶、读一本书,追忆先贤。

亭林书院内,以亭林出土的九节玉琮为原型的圆柱形书架,古朴而典雅;以树影为设计元素的楼梯墙景仿佛带我们置身于一片梧桐树林,舒适而休闲;"阅古"长卷展现了亭林浓厚的人文历史,讲述亭林人民的心声——我们慎终追远,聆听历史的回声;"触未来"灯饰如一座座高楼大厦,横看成岭侧成峰,见证古镇新发展。

二楼房间则以"读书堆""览翠楼""八角井"等"亭林八景"命名,充满着浓浓的书香气息。精心描绘的栋梁之上，传送礼乐，寄托信仰，让建筑充满生机，置身于斗拱之下时，感受穿越古今的悸动。"读书堆"空间仿照古时"私塾"而建，具有为传递中华传统文化，培养人才，勤苦耕耘，不懈奋斗的重要含义。

来到会客厅，倚窗眺望，不远处便是南朝大学者顾野王撰写《舆地志》之处——读书堆。顾野王读书堆遗址被《上海园林志》称为上海有史记载的最早园林，亭林小伙伴也俗称这里为大寺山，现在是金山区文物保护点。

顾野王，梁天监十八年（519年）生于吴郡，侯景之乱后，把家迁到先祖顾雍老宅、亭林里。顾野王不仅是我国历史上著名的文字训诂学家，同时也是历史学家、天文学家、地理学家、文学家、书画家、音乐学家。可以说顾公文化，蜚声中外。

后人对这位前贤并未忘记，历代来亭林里寻访野王遗迹的骚人墨客或名士高官，留下了不少凭吊、吟咏的诗句。大家耳熟能详的明末清初期国学大师顾炎武就是顾野王后裔。顾炎武号亭林，以取追慕先人之意。

顾野王移居到亭林后，十分圆满地修纂完成了《舆地志》，后来许多学子纷纷慕名上山，与顾野王谈诗论经，整座山丘之上时有学子聚集，读书习文蔚然成风，又因顾野王居山读书成就非凡，留下许多传世之作文章，所以叫"读书堆"。亭林人读书的风气一直延续至今。

在顾野王诞辰1500周年之际，亭林镇政府在读书堆旁修建顾公广场，立顾野王雕像、竖野王诗碑：顾野王右手捧着一本打开的书本，左手则按压着一堆古老的史书，双眸注视远方，既像在思考《舆地志》编撰的文理脉络，又像在担忧国家社稷的前途命运，同时又对顾氏家族严谨的家教家规和江南文化的传承发扬充满了坚定的信心。

整座铜像历时6个多月精心创作、精工铸造而成。铜像基座为一整块虾红色花岗岩，重达10吨，以呈现亭林这块古老的土地厚重的历史文化底蕴。从广场地面到铜像底端高1500毫米，以此纪念顾野王诞辰1500周年。走在顾公广场，不仅可以瞻仰追忆先贤，也能感受到传统文化的深刻魅力。

亭林公园虽然不大,却集历史文化、生态休闲、名人文化于一体,在遗产古迹和多元文化之下,蕴含着上海人文记忆的溯源,这些深层次的精神和文化认同,是亭林文化绵延不断的根基。

漕泾镇

欸乃一声山水绿

水库村村史馆的建造起因是2018年水库村被列为上海市首批乡村振兴示范点之一。为了更好地激发村民的爱乡情怀，也为了向各界人士全方位地展现水库村的前世今生，水库村村史馆于2019年6月落成。整个展馆面积184平方米，分为水库之源、千年之史、美丽乡村和幸福新村等四个篇章，展现了水库村的自然风貌和政治、经济、文化等各方面的发展。

水库村。

水库之源

水库村以水得名,现如今水库村的自然机理是经过了数千年海水和长江水的分别作用形成而来的。海岸线变迁图展现了6000年以来整个上海西南部海岸线的演变过程,曾经上海海岸线上有一条长长的冈身,冈身就是长江水和海水交互作用形成的沙堤。但遗憾的是现在唯有在漕泾镇沙积村能看到古冈身仅存的遗迹。

另一个影响着水库地貌的是古柘湖的形成和淤积,在汉朝时,长江支流因为自然原因发生了地陷,形成了一个巨大的湖泊,史称为柘湖。大家可以看到这张古柘湖的示意图,整个漕泾处于它的中心地带,随着时间的推移,柘湖不断淤积,最后在湖中形成了许多高地,而水库村就是其中水系保留最多的一块地方,也就是今天大家可以看到的这种滩漾百岛的形态。

千年之史

古代水库里由于盐业发达,也是人口汇聚的一个地点。我们在水库全境5处地点发掘到了历史遗留物,包括一些陶片、瓷片、铜钱。其中特别有意思的是杨家坟这个点,相传杨家忠烈在全国选了75处真假墓地,其中一处金头将领就是埋在杨家坟这个位置,叫金头将军是因为

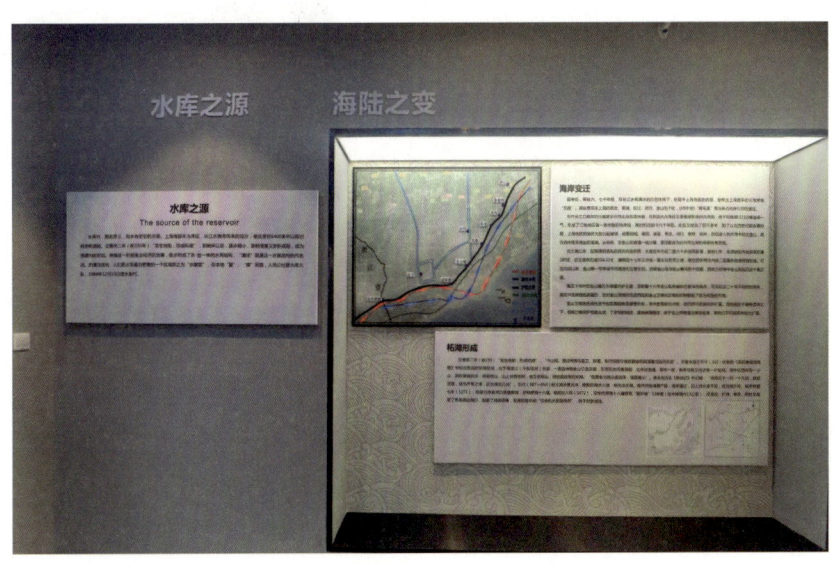

这位将军入葬时缺了头颅,为感念他的功勋所以用黄金制作了头颅代替。近代的时候,有个养蜂人一直在这个区域以养蜂为生,但突然有一天这个养蜂人一家一夜之间消失了,所以人们都说养蜂人发现了杨家人的墓,偷走了金头。

从宋元时期一直到近代,水库里迎来了巨大的发展变化,称为水窠之变。之所以称为水窠,是由于在本地话中,窠和库同音,古代正确的地名应该是窠,但新中国成立后通过发音为将村庄定名了水库。整个变化都归功于两个产业,一个是盐,一个是渔。两者都与水有着无比紧密的联系。首先是盐业的发展,漕泾镇在建龙桥附近有一个沿海盐场,这里出产的官盐通过水路不断地运向全国各地,当时的整个漕泾的航运可谓是风头一时无两,被称为带来财富的黄金水道。为了重现这块古老土地上的繁荣岁月,我们重现了古代两种制盐的方式,分

别是晒盐和煮盐,漕泾地区主要以煮盐为主,我们这里设有一个互动游戏,详细介绍了晒盐和煮盐的具体流程,大家可以体验一下。水库的另一个产业是渔,当时的本地人大多熟练使用各式捕鱼工具,包括抛网、鱼叉等等,这个展柜中展示了当时渔民的一些劳动工具。

说到水库,很多老一辈的人都知道一句话"水库里出强盗",这是由于古代盐业的巨大利益导致了大量非法私盐的贩卖,这些盐枭大多居住在地形复杂的水库。后来到了解放战争时期,党收编了这些绿林武装,设立了浦东浦南两浦支队,水库里也以此成了解放上海的重要革命根据地。

新中国成立初,原水库村为星桥乡月星村和太平村、洪桥村的一部分,农业合作化时,建月星高级社,公社化后为水库大队,1967年改名胜利大队,1980年复名为水库大队,1984年建水库村。2002年,原水库村A4公路以北6个小组与长堰村合并,成立了新的水库村。2009年,水库村进行了第一次村庄改造,2015年被评为了上海市美丽乡村。2018年被列入了首批乡村振兴示范村,以十九大提出的乡村振兴战略20字方针为指导,又一次进行新农村改造。境内河网密布纵横,似天然水库,故得名为水库村,全村有中心港、火车港、万提塘、何家漾、东大漾、金岗溇、横塘港等主要河流,贯穿在全村东西南北。

展柜中陈列的是济渡桥的模型,济渡桥距今有130余年的历史,是浦南地区仅存的一座七孔石桥。桥长43.6米,有六墩二枕七块,当地人都称为"七块头石桥",相传是清光绪年间周思达、徐治沧等建,于1992年公布为金山县文物保护单位。

美丽乡村

水库村里没"水库",却依然有值得一去的村景可赏。地处金山漕泾郊野公园的核心地带的水库村,区域内水网密布,村里的中心河东段南侧是湿地公园,通过堆筑多个小岛屿,种植各类植物,水鸟栖息,修建连接岛屿的栈桥和漫步栈道。2021年,漕泾镇也因此荣获首批全国"绿水青山就是金山银山"实验创新基地。

而在村史馆中的全息投影展现了水库村房屋从茅草土屋到现在集中居住一期房屋的演变过程。沙盘中简单展示了水库村的全貌,对村中建设重点的建设项目做了一些标识。

幸福新村

在村史馆一角的展柜陈列了水库村民间手工艺人的作品,包括口金包、蛋雕、葫芦雕、扇面画,和代表水库饮食特色的太子螺蛳和鳑鲏鱼。墙上展示的是目前规划的两条水上游线,另一面滚动的墙展示了水库村各家的家风家训。2018年,村里开展了家风家训讨论活动,收集的家训连同全家福印成了水库村家风家训集。

煮海千年话沧桑

  古代上海，地处东海之滨，陆地荒草丛生，池沼遍布，海洋风云难测，旦夕无常。商周时，便有先民煮海为盐，艰难生存。后随盐场规模的不断扩大，自秦王政二十五年（公元前222年）起如今的上海金山已设海盐县，"海滨广斥，盐田相望"；西汉初年，今金山之漕泾已见盐商云集；再至五代吴越国时，今之金山已是"煮水为盐，殖芦为薪，地饶蔬茹，水富虾蟹，舶货所辏"，一片兴旺景象；宋元间，浦东、横浦两盐场，更为东南财富之薮。海陆有变迁，世代有更迭。随着1983年漕泾最后一片盐场的关闭，上海的盐业史最终画上了句号。两千多年来，以盐为生的上海先民书写了盐业发展史。

"沧海盐田"

至20世纪80年代初,已经在上海持续了数千年的海水晒盐业基本消逝,绝大部分盐民就地转业,改从其他行业,只有漕泾海涯村还有最后的盐民,但随着海水养殖业的兴起,后又因上海化工区的兴建,上海最后的盐民从此消失。金山盐场最后的辉煌是在20世纪中期。据一位漕泾镇的老人说:"上海七个郊县的食用盐,都是我们金山所产,相比较现在超市买到的盐,金山盐民用古法制作的盐,吃起来有鲜味。"

中共金山区漕泾镇委员会和漕泾镇人民政府在2014年6月成立了金山盐文化调研工作领导小组,该小组组织编写了《沧海盐田:上海盐文化史话》,展示了上海盐民在与大自然拼搏和抵御侵略、反对压迫中不断积累形成的精神财富和文化底蕴,通过对历史文化追溯、记录和传承,即使盐场关闭,盐民转业,但后世之人永远不会忘自己的祖先和故土。

"沧海盐田"盐文化馆展馆概况

有这么一家"沧海盐田"盐文化馆,它位于金山区漕泾镇蒋庄村。这座盐文化馆其实是一家私人博物馆,博物馆主人叫张蓉,原本在上海市中心创业生活,机缘巧合来到漕泾镇蒋庄村,了解到当地海盐文化历史,产生浓厚兴趣,很快租下村里一片老旧厂房,之后花了两年时间"跑"全国各地盐文化场馆,挖掘整理历史资料,追溯金山盐业变迁,再

进行创意设计,终于建成了一座值得细细品味的盐文化博物馆。

盐文化馆总体室内面积约1000m²,其中参观展示区域480m²,体验区520m²,是目前上海唯一一家以"盐"为主题的民间博物馆。后来还被有关部门认定为金山区爱国主义教育基地、金山区青少年社会实目践基地、新时代文明实践点、上海公益基地、2020年度金介山区社区教育社会学习点、金山区市民修身点等。

上海市金山区漕泾用海水制盐的历史非常悠久,据《漕泾志》记载,漕泾"秦代就有盐业,汉代就有盐官,唐代设有盐场",到宋代因盐商云集形成集镇,因镇旁有古代运

送漕粮的漕溪河而得名,这里拥有上海仅存的6000年前古海岸遗址和最后一片盐田,在漫漫历史长河中,勤劳智慧的盐业先民们煮海熬波,创造了难以计数的财富。这些财富饱含风俗民情,既有盐工、盐官、盐商们的喜乐哀愁,又有疗疾、养生、驻颜的生活智慧。这些财富涉及权力游戏,隐藏于"官山海""壹山泽"《盐铁论》之中,也蕴积在"牢盆""榷盐""盐帮"的产生、消亡之间。这些有形或无形的财富共同构成了中华文明不容忽视的珍贵片段和华彩篇章。

坐落在漕泾镇蒋庄村的"沧海盐田"盐文化馆以上海盐文化为背景,追溯沪郊金山盐业的发展变迁,以图文、实物等为载体,还原"海盐"的历史记忆。馆内魔墙数字博物馆互动墙,有各种关于盐的书籍、近代盐民生活用具、古代盐场、盐税、盐票、盐营业执照和长三角区域关于盐的展馆位置与简介等,以图片和视频的形式展示与互动。沙盘选取了《熬波图》中的六个步骤展示海盐制作的流程。大屏展示区以视频的形式讲述了漕泾从古至今盐业的发展历程。

展陈馆内含多个展区,包括序厅、史海盐踪、煮海熬波、红色盐文化等四个展厅,展陈内容从商代至近代的文物,有制盐盔形器及碎片、五彩圣旨、盐商盐运执照、盐票、牌匾、公报、章证、盐业古书籍、全国盐业运销先进工作者代表团与毛主席合影照片、收复陈家港等地照片等等。

盐文化科普

盐文化馆内设置有海盐体验课程,提供海盐精油磨砂膏、海盐草本足浴包、海盐肌理画、海盐腌鸭蛋、海盐热敷理疗包等供大家选择体验。"盐"这一看似平凡的小小颗粒凝结着历史中的沧桑变化,见证文化里的百味人生,投射现代工业的广泛用途。组织参与者在体验学堂内体验相关课程,在妙趣横生中了解"盐"在生活中的广泛用途,极大地丰富市民的精神文化生活,提升其幸福指数。

盐,中医五味属咸,五行属水,五脏属肾,入肾经。

盐文化馆二期种植中草药的品种偏重补肾的药材,并有机融入五行生克制化以及脏腑经络等传统中医的理论,以中医补肾为特色的盐文化科普。

盐文化馆丰富了周边居民及工业区职工的业余文化生活,人们在参观、体验过程中,了解本地历史文化与发展,深刻理解盐民的勤劳坚韧、不屈不挠、自强进取的精神,让人们了解盐文化深层次的精神内涵,培养中华民族优秀的传统价值观。盐文化文创产品及体验课程的持续研发,借着优质平台的发展理念,吸引、鼓励优秀企业和个人开发创新行为,鼓励传统文化的传承与发展。

盐文化馆自2021年1月开馆以来,日常接待科普参观活动49场,3501人次。科普手工活动144场,2985人次。

斑驳里的水乡江南

阮巷又名阮溪,地处漕泾镇西北5公里,相传三国魏人阮籍晚年择居于此,故名。明洪武年间成镇,距今已有650余年的历史,清代市容颇为兴旺。乾隆《奉贤县志》载:阮巷"与华邑接壤,街道盘旋,市井栉比,居民两百家,椎者耕,黠者贾,各行各业,熙熙攘攘,颇称巨镇"。原属奉贤县西乡,1950年5月划入松江县,1966年10月后属金山县。

阮巷老街。

现在的阮巷老街,是个普通的村镇小街。南方水乡小镇的模样大致相仿,傍着一条小河,一条主路穿过中心,铺着石板,一般和河水平行,两边多是商铺,纵横些许人家,黑色的屋瓦和被水斑驳了的墙,看上去有一种水墨画的色调。

阮巷"小乡里"

在阮巷中街,沿一条古朴的小巷往南到市河边,能看见一座有些气派的古建筑,房主姓唐,老宅西墙外侧近河处嵌有一石,上写"泰山石敢当",据说,旁边原有木吊桥可通河南岸。在中国旧时,造大房子的时候颇喜,用石头刻上"石敢当"或者"泰山石敢当"几个字,埋在墙基地下或者嵌在墙壁里。寓居海外的唐家人曾不远千里回到家乡,联络故人,看望这片寄予深厚情感的宅院,并向当地政府表露保留老宅、让其完整存在的夙愿,足见其游子对家的意切情浓。

唐氏老宅在新中国成立后曾一度作为阮巷小乡的政府驻地,故称"小乡里",可以说是阮巷的行政中心。新中国成立后逢兴办教育之时,做过学生的学堂。当时师资短缺,设施简陋,教育初创时期的情形可见一斑,但正是有了这样一处地方,才有了师生们最初的"三味书屋"。

如今,"泰山石敢当"这块别有特色的石头依然立在古宅的基墙中,仿佛倾诉着曾经的往事,也喻示着这座古宅所折射的民族古朴厚重、传承延绵的气量。

九龙庙

原称九龙庵,一名文昌祠。在阮巷镇东,现街道五金厂。明成化(1465－1487)进士胡开文建,有大堂茶厅、中堂、头门、戏台、东看台、西看台。重建后殿及唱台,规模很大,通称"潮真阁"。还有"斗母阁",塑雷公雷母。今仅存庙屋二间。

胡氏祠堂碑与宪禁碑

胡氏祠堂碑在清同治三年(1864年)立。立于阮巷镇西街胡家祠堂内。碑文(节录):天下事有私乎?曰:有。为一己者皆私也。天下事有公乎?曰:有。为众人者皆公也。顾孟子云亲亲而仁民,仁民而爱物,明乎先务之当急也。而先务孰有急于敦宗睦族者?敦宗睦族孰有急于序列昭穆者?

宪禁碑在康熙四十七年(1708年)二月立。立于阮巷镇东朝真阁,后被阮巷街道砌于壁内。朱漕公路改建,移置乡政府,1991年由县博物馆收藏。碑文系江抚都院示:饬禁奸徒阻葬、强劫孀妇、开场聚赌、桠卖私盐等发生。受害之人不时可指名具禀,即据宪案律治罪。如敢通同循庇,断不轻饶。为此建碑立宪。

耶稣堂

耶稣教即新教,系基督教一支,光绪年间传至漕泾地区。耶稣教徒蔡碎夫在阮巷镇建耶稣堂,属亭林牧区。此堂先后有6名传教士,后期为戴仰庆、陆仲英、蔡传声。

新中国成立后,阮巷耶稣堂房屋一度移作他用。1990年4月由乡政府拨款修缮该堂,同年2月5日,举行开堂仪式,县、乡领导前往祝贺。

群众文艺——戏剧

1950－1954年,漕泾、阮巷两集镇相继成立业余剧团,60余人。剧种以越剧、沪剧为主。自编自导自演的剧目有《海上渔歌》《送郎参军》《新婚姻法挽救了我》等,移植演出的剧目有《罗汉钱》《中秋之夜》《大雷雨》等。

1958年10月,公社成立文工团,20人。移植演出剧目有沪剧《阿必大回娘家》,黄梅戏《打猪草》等。1963年,公社文工团自编自演的《茶馆宣传》在上海市农村业余文工团会演中分别获一等奖和三等奖。

"文化大革命"中,以歌舞剧为主,有《军民联防谱新曲》等。

1989年,文化站干效明创作的沪剧小戏《三留阿来根》参加上海市文艺会演得奖。1985年,沪剧《没有新郎的婚礼》获县首届艺术节创作一等奖和演出二等奖。沪剧小戏《虎口拔牙》参加市会演得奖。

1989年,移植现代锡剧《天伦蝶血》。

至1992年底,上海沪剧院、嘉兴越剧团、南汇沪剧团、无锡越剧团、松江越剧团、金山锡剧团、桐庐越剧团等专业剧团和业余艺人来漕演出《打金枝》《大雷雨》《珍珠塔》《三看御妹》《阿必大》等越、沪、锡剧350多场,观众万余人。

阮巷书场

新中国成立前,漕泾、阮巷、蒋庄、西护塘等集镇有20余家茶馆,大多设有书场,农闲时白天和晚上,说唱农民书和苏州评弹。解放初,漕泾镇有书场的茶馆3家,1956年大合作,茶馆合并,仅留漕泾镇常春园和阮巷王文彩两家茶馆设有书场。"文化大革命"初期,茶馆停业,1968年茶馆重新营业,继而恢复书场。艺人以说唱革命样板戏为主。1991年,漕泾镇大部分茶馆歇业,至此,仅留阮巷茶馆偶有艺人说书。

2008年,阮巷书场迁至北街毗邻农贸市场,有4间,进深9米,计144平方米,可容纳100人同时看戏听书,附设两件更衣化妆室。至2010年,阮巷书场为漕泾镇仅有的一处书场。

2018年,在区镇两级的大力支持下,阮巷书场整体面貌焕然一新,更加符合了阮巷老街的风格面貌,改造后的书场空间更大,效果更好,可容纳130人同时看戏听书,并增设了大屏幕。

上海海陆变迁的"活化石"

　　沙积村在清代属华亭县云间乡。民国期间分属漕泾乡和漴缺乡。新中国成立前夕属浦南区漕泾镇。新中国成立初为北沙乡富翁村、太平村、沙泾村、孙泾村、诚宜村。农业合作化时是灯塔高级社和建新高级社。1958年建沙积大队，1984年建沙积村。1986年由大队管委会转为村委会。2006年6月，由原来的沙积村、建国村、淡水渔场，撤三建一，成立新沙积村。在如今沙积村中部有一条"古冈身"南北贯穿，在沙冈制高点处，有一户李姓人家历代建房于此，名曰"高宅基"，如今冈身文化遗址就位于这处高宅基之上。

冈身遗址。

上海古海岸变迁的重要证物

史学家认为,上海大陆地区的成陆过程大致可以分为五个阶段。6000多年前长江南沙嘴逐渐向东南伸展,形成上海最早的海岸线,后人称为"冈身"。冈身共有三条,依次为沙冈、紫冈和竹冈。3000多年前,上海的海岸线稳定在冈身地带东侧的东冈－横泾冈一线。1700年前,即东晋时期,海岸东部沿下沙沙带北起盛桥、月浦,东南经北蔡、周浦、下沙、奉城,然后延伸至杭州湾中滩浒山,再向西经王盘山伸展至海盐澉浦。1000年前,海岸东移至里护塘一线。600年前,白龙港－马厂间的西沙沙带海岸形成,今天的浦东终于从海面逐渐变成陆地。

6000多年前,金山在上海最早开启了文明的曙光,留下了丰富的历史文化遗存,其中包括戚家墩、查山、亭林、招贤浜、南阳港、秦望等古文化遗址。而早在新石器时代,金山地区就已有先民生活憩息,创造了灿烂的史前文化。

从古冈身到高宅基

了解古冈身,要先从古冈身的沙路说起。我们现今能看到的沙路,最清晰的是漕泾镇沙积村3组的高宅基,这是上海地区目前保存得最完整的古海岸遗址。冈身遗址长约40米,东西宽约20米,面积约800平方米,高出地面、深入地表各1.5米左右,表土0.15米以下为泥沙夹层,0.3米以下为白色蚌壳砂,主要由死亡海生贝壳类等生物壳体和沙子在海浪的作用下堆积而成。大量的贝壳沙带的存在,说明这里

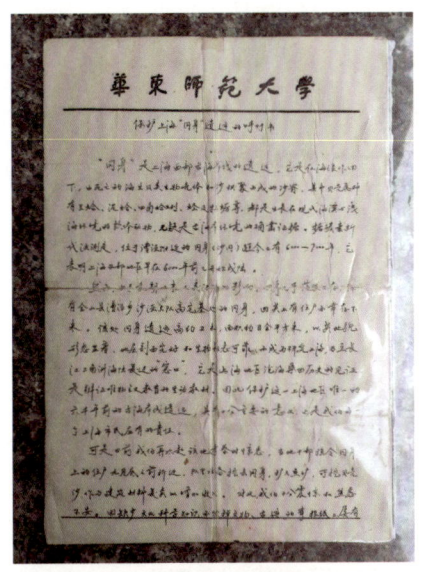

保护上海冈身遗址的呼吁书

曾是一片浅海,有大量的贝壳类海洋生物繁衍,多次的海进海退,使大量的海洋生物死亡,贝壳集聚在一起,成陆后形成冈身。对此,近1000年前的郑寰《吴门水利书》和朱长文《吴郡图经续记》就有记载,南宋《云间志》也有较详细的记载,谓:"古冈身在县东七十里,凡三所。南至于海,北抵淞江(吴淞江),长一百里,入土数尺,皆螺蚌壳,世传海中涌三浪而成。其地高阜,宜种菽麦。"

但由于长期以来人类活动的影响,到二十世纪四五十年代,冈身已经只留下比较明显的沙岸。70年代末和80年代初,当地群众大量挖沙建房,海沙地(沙冈)又遭到了极大破坏,部分地方甚至成为了鱼塘。而高宅基之下的冈身记录着金山丰富的历史文化遗产,成为研究上海乃至长江三角洲海陆变迁的"活化石"。今天,漕泾镇沙积村的村名也是由沙冈地名演变而来,暗示着古代沙脊的遗存,是上海地区沧海变桑田的历史见证。

保护古冈身

20世纪70年代,华东师范大学地理系河口海岸专业的专家教授来到高宅基考察,他们把高宅基的贝壳沙样品带回去用C14同位素测定,确认高宅基的"冈身"是古海岸,距今已有6400多年历史。这条古海岸从见龙桥原林场西侧起,直至江苏的太仓,是上海地区古代三条"冈

身"中最古老的一条沙岗。随着年代的变迁和城市的发展,古海岸遗址大多湮灭,唯有沙积高宅基保存得最为完好,是上海地区仅存的古海岸遗址。

20世纪90年代初期,华师大地理系的专家教授在沙积高宅基考察时,发现贝壳沙带由东向西逐渐加深加厚,高宅基东侧沙层厚度有3-4米深,而离高宅基西100多米处深度可达10多米。华师大地理系专家在测定高宅基为古海岸遗址后,就向当时的金山县政府等有关方面提出保护建议。

如今,沙积高宅基已被华师大定为考察、实习、研究点,每年都有师生前来考察、研究。2001年,上海生物研究所在《中国古生物研究》上发表了题为《上海地区沙积古海岸遗址研究》论文。近年来,金山区人民政府将沙积古海岸遗址立碑进行保护,展现着金山古海岸在上海成陆过程中具有的重大贡献,这是上海的"母土",也是上海最古老的海岸线。冈身文化遗址已于2005年10月26日被公布为金山区级文物保护单位。

山阳镇

上海最后一个"活着"的渔村

坐落在杭州湾畔的金山嘴渔村是上海市沿海陆地最早的渔村,历史最早可追溯到6000多年前。几千年来,一代又一代的渔民生活在海边,流传下许多动人的故事。

金山嘴渔村。

金山嘴是上海地区有名的渔港,历史上海洋渔业十分兴旺。自南宋淳熙年间杭州湾形成后,便催生了金山嘴的渔业,杭州湾上游的来水,为鱼儿带来了大量的饵料。同时,也淡化了东海之水,含盐量显著下降,更适合近海鱼类的生存环境。因此,每当春秋两季,大量的鱼虾涌向杭州湾,形成了一个庞大的渔场。俗话说,靠山吃山,靠海吃海,居住在海边的居民,逐步向海洋发展。

至清末民初,小镇上有商店、作坊36家,仅经营渔货的渔行就有10多家。每逢春、秋两汛,大鱼、海蜇旺发,来观潮的、买鱼的、经商的游客、商贾云集,海塘上人流摩肩接踵,热闹非凡。20世纪80年代,金山嘴渔村达到顶峰,有出海渔民1000多人,拥有大小渔船45条,1650吨位,年产渔货116万担,捕鱼范围也从杭州湾走向远洋,是上海市渔业战线上的一面红旗。但自80年代后期起,由于众多化工企业的兴建,大量污水流入杭州湾,再加上过度捕捞,渔业资源逐步衰竭,形成了渔船搁沙滩、渔民上岸来的状况。大部分渔民告别赖以生存的大海,有些务工,有些经商,还有些念念不忘大海,在坚持近海捕鱼的同时,在陆上办起了养殖、渔货加工等业务,也有些渔民,利用得天独厚

的自然条件,在沪杭公路一侧,开起了数十家海鲜酒店,形成了颇具特色的海鲜一条街。

2011年,在各级党政领导的重视和支持下,金山嘴老街修缮一新,开设了渔村博物馆、渔具发展史等颇具海洋文化特色的展厅,与金山嘴海鲜城、海鲜一条街等,作为金山黄金海岸线的一个旅游点,使古老的渔村重新焕发出崭新的活力。

"造船史也是一部渔村变迁史"

每年夏季,金山嘴渔村迎来旅游旺季,观海景、听海涛、品海鲜,游客络绎不绝。如果来了老街,别忘到渔具馆转一转,追溯澎湃千年的海渔文化。

步入渔具馆内,一艘2米长、0.45米宽的舢板船模,就是"镇馆之宝"。高耸的桅杆篷帆、平整的甲板船舱,还有细长的头龙篙,虽然大小只有捕鱼舢板的十分之一,但结构、配件却别无二致。早在70年代之前,渔村家家户户都靠着这样的舢板船出海打鱼,70年代后机帆船逐渐代替了舢板船,如今渔船逐渐消失在人们的生活中。直到十几年前,机缘巧合之下,姜品云开始制作舢板船模型,为的就是让下一代都能看看以前渔民打鱼用的舢板船。

2014年,木船模型制作技艺入选金山区非物质文化遗产项目。目前,金山区会这项技艺的只剩下2021年已78岁高龄的姜品云。2021年7月份,金山嘴渔村集"非遗"手工舢板船制造技艺展示与手工体验于一体的舢板船博物馆正式对外开放。其中,博物馆门口的金山舢板船便出自姜品云之手。在手工舢板船工艺非物质文化遗产展示厅内,陈列着各种比例的金山舢板船、上海沙船、郑和宝船等模型船,一艘艘木船模型,记录了金山嘴渔村的变迁,也承载了渔民关于大海的记忆。

"靠山吃山,靠海吃海"

美丽富饶的杭州湾,既赋予了金山嘴渔村怡人的自然景观,也让金山嘴的海味味道纯正、风味独特。村里的小吃自然离不开海味,雪菜黄鱼面、黄鱼大馄饨、米鱼饼、油氽虾饼、海鲜油墩子……连臭豆腐都是海鲜味儿的。

琴轩居是老街最早做黄鱼面的店家,如今黄鱼面成了渔村的一大卖点,把这条老街上的气氛都带动了,很多人慕名而来,吃过的都赞不绝口。店内一个临水的院落里摆放着几张桌子,惬意、幽静。坐下不一会儿,老板便端上了一碗招牌雪菜黄鱼面。乳白的面汤上,斜摆着两瓣剔了鱼骨的黄鱼,从整整齐齐的形状,向中间翻卷起的样子可以看出鱼肉的新鲜和紧实。鱼肉里带着些微的生姜味,和着面汤里浓浓的胡椒,让我们在秋风中感到阵阵凉意的身子从里往外地透出热气来。"我们选用料新鲜黄鱼现杀,每一碗面上都是一整条拆骨黄鱼,面条和作为配角的雪菜也都是专门定制。上海美食节目主持阿庆也来我家尝过,味道绝对赞额。许多来吃过的游客,会因为想念这个味道,再开车60公里,就为这一口。"说起自家的黄鱼面,老板满是自豪。

"当乡愁遇见民宿"

近几年来,随着渔村的发展,渔民利用闲置的房源做起了民宿生意。民宿不像酒店宾馆那样千篇一律,每个民宿都有不同的风情。以往,大多数民宿都处于没有证照的"灰色地带"。2018年3月,金山嘴渔村有6家民宿在消防、治安、卫生等方面通过验收,获得首批民宿备案,拿到了金山区颁发的民宿备案登记证明,成了民宿中的"正规军"。从2013年第一家民宿开张以来,目前金山嘴渔村共拥有23家备案民宿。

都说每间民宿的主人都有他的故事。他们或厌倦城市生活,或萌生野望之愿,或仅仅是偶遇一条街、一间房、一席山水,便不舍离去。2016年,大学毕业的李振豪面临两个选择:一个是父母的希望,去国外生活;另一个是自己内心所想,留在国内。但当时的他对未来着实有些迷茫,直到有一天,一次偶然的渔村之旅让他有了方向。回去后,李振豪就查找翻阅了一些资料,了解到这里的旅游发展情况后,知道这是上海最后一个渔村。于是,在金山嘴渔村开一间属于自己的民宿就成了他创业的方向和生活的向往。经过5年时间,拥有一方小院的古井坊

栈桥

祥鱼湖

已成为渔村老街上的一间网红特色民宿。在院子里布置了错落有致的花草和一排排木桌椅,更加彰显它古朴、沉稳、宽厚的气质。房间采用的是复古与现代相结合的风格,虽然整个民宿只有5间客房,但是每间都很温馨,给人一种干净、素雅的感觉,主人还专门请了渔民画家杨火根在每间房间的墙上作画,将渔村的特色融入进来。每逢周末假期,很多市区的游客都喜欢来这里住上两天,经常预定爆满。

渔民的劳动号子,强调的是整体与合作;渔民腌制海产品,崇尚的是节俭与创新;渔民送鱼鲜,体现的是知恩图报;渔民在候排、张闸网等日常生活劳作中,处处体现了人与人之间的和谐相处之道;渔民讲的故事、画的画、表演的歌舞,赞美的是生活,歌颂的是真善美……村里街头巷尾粉刷得雪白的墙上,画着一幅幅色彩鲜艳,造型拙朴的墙画。题材多为各种渔民生产劳动的场景,以及他们日常使用的工具,那是老渔村们对古老渔村最真实的回忆。独特的海渔文化及渔村习俗,涵盖衣食住行各个方面,承载着渔民们的聪明才智。白天徜徉于金山嘴老街,闲游慢逛;黄昏静静等一场日落,面朝大海;入夜枕海听风,伴着漫天星河沉睡;清晨,迎接上海湾区日出盛景……

金山嘴渔村,藏着许多人想要的诗意慢生活。但这里,不只有诗意慢生活,更有丰富多彩的渔村民俗文化,等待着你去揭开它的神秘面纱。

魔都边上玩转乡村野趣

"种瓜不卖瓜,种桃不卖桃","卖生产过程,卖生活方式",这就是山阳田园的真实写照。

山阳田园是上海湾区城市品牌都市休闲农业的重要承载区,也是上海都市农业、都市文化和都市旅游融合发展的标杆。山阳镇是上海3个首批全国乡村旅游重点镇之一,山阳田园是该镇都市休闲农业的主战场。

山阳田园。

作为社会主义现代化国际大都市，上海吹响的乡村振兴的号角有其独特的音符和节奏。山阳田园就是文化植入优先、具有国际水准的乡村振兴休闲农业的案例。

在这里传统农业、大棚农业、休闲农业被注入更多的文化元素，自然景色被创新，劳动过程被销售，生活方式成产品，游客成为风景线。

在这里农业不单单定格在经济作物种植和收获，农村不单单表现为炊烟袅袅和鸡鸭成群的自然村落，农民也不是简单背靠黄土面朝天的劳动者。经济作物被注入更多的功能，村落更具奢野放飞的作用，劳动成为研学体验的时尚。

在这里游客的"五官"和"心身"变成了精准的消费对象，眼睛看的、嘴巴尝的、鼻子闻的、耳朵听的、手里摸的、脚底踩的、屁股坐的、心里想的都成为消费的精准个体，都市休闲农业被情景化，被沉浸式销售。

2015年9月，根据山阳镇党委政府通过一二三产联动，生产、生活、生态融合发展，促进山阳镇美丽乡村建设，提升营商整体环境的要求，正式启动"南有渔村，北有田园，东有书院，西有商区"的旅游带动相关产业整体发展的战略，山阳田园尝试颠覆性管理运营，把农业、农村、农民作为都市休闲研学旅游的载体进行情景化、沉浸式展现。通过3年多的努力，山阳田园充分把农业、农村和农民作为载体，积极推行都市休闲农业4.0，让山阳田园成为长三角个性超强的小型田园综合体。

2020年起的新冠疫情大大改变了国民的消费理念和消费模式，国家教育体制的变革也给乡村注入了极大的商机和巨大的市场，国家三胎政

乡村俱乐部

策的开放,特别山阳田园推行的"种风景,植文化,讲故事"的都市休闲农业4.0,让乡村成为亲子家庭陪伴旅行、青少年学生农业科普研学、企事业单位农业拓展培训的大舞台和优选地。山阳田园的都市休闲农业4.0让传统休闲旅游吃、住、行、游、购、娱简单消费模式,通过上海都市农业文化的植入提升扩大到底楼文化,底楼经济;庭院文化,庭院经济;农业文化,研学经济;交友文化,聊天经济。简单的农业休闲旅游围绕着农家乐经济、民宿经济,发展到农业、农村和农民,让劳动过程和生活方式融入乡村俱乐部经济之中,让农业的附加值大大提升。

目前,山阳田园滆之源乡村俱乐部的咖啡博物馆民宿、音乐餐厅、望秦精酿民宿、一亩甜源烘焙民宿、VR运动竞技民宿、星苑商务民宿、攀岩民宿、爱书吧读者民宿等一批主题民宿综合体已经成为长三角网红民宿,一般一栋年营收30万元的5间房民宿,在山阳田园通过"种风景,植文化,卖故事"的4.0都市休闲农业运营模式下,年营收普遍向100万元进军,有的年营收已经向250万元迈进。山阳田园商办文旅融合主题民宿综合体逐渐成为全国乡村振兴新型主题民宿的宠儿。2021年底,山阳田园·滆之源乡村俱乐部的二次元懒虎乐园民宿、创意顶顶美术乐园民宿、非遗主题民宿和智慧主题民宿也已迎客,以田园运动体育文化为特色的中隼足球俱乐部、高尔夫训练场和弘扬文化的弘格书院也陆续开放。

山阳田园的最大亮点不是游客增多,也不是营收的增加,而是通过山阳田园的平台和流量吸引全国各地农业、文化和旅游的互动。截至到2021年9月底,全国有6个省市的农业文化旅游项目与山阳田园建立资源共享合作,2022年春节山阳田园与内地省市积极筹备内地山阳田园农业文化旅游年。

2022年山阳田园根据主题民宿综合体特点还将联手全国多个基地、景区推出"迎第一缕阳光""足球嘉年华""春耕节""攀岩节""房车露营节""5·5咖啡节""创意艺术节""采摘节""烘焙节""读书节""啤酒节""电竞节""音乐节""动漫节""秋收节""非遗节""年货节"等主题特色活动，真正意义上的全域旅游将提上日程。

随着山阳田园运营逐渐融入上海湾区城市品牌建设，山阳田园的品牌也被全国中小型田园综合体所推崇。2018年山阳田园成为教育部青少年社会实践体验基地，2019年山阳田园农业综合体成为 复旦大学、上海交通大学、上海海洋大学、东海学院、上海市农业广播学校乡村振兴现场教学点。2020年山阳田园依托浔之源乡村俱乐部和12栋主题民宿综合体的建设，直接旅游年营收已经达到900万元，2021年底乡村俱乐部一期全部竣工，到"十四五"末，山阳田园年营收将达到3000万元，游客接待从6.5万人次逐步按节奏的提升到10万人次左右，人均消费将迈上300元的台阶。到时一个具有行业领先，充满良好营商环境，满足市民家庭休闲旅游，适合企业团建和青少年学生研学旅行，具有市场竞争力的山阳田园会呈现给大家，山阳田园以"种风景，植文化，讲故事"的形式，把农业、农村、农民作为载体，通过乡村振兴文化先行的模式成为上海湾区城市品牌打造的助推器。

"马棚"里的家国记忆

走进金山区山阳镇中兴村,白墙、灰瓦、平檐、绿水,灵动与厚重和谐交融;农林水田路宅相生相和,如诗如画,水系萦绕,气象万千。美丽乡村建设为村民过上美好生活创造了条件,也为开启全域旅游的融合发展路径打下了基础。

中兴村。

中兴村,又名"马棚",地处杭州湾北岸,曾是西汉年间海盐县治,千百年来,马棚依偎着秦朝时期的海盐古县城和金山卫古城,人杰地灵,历史底蕴深厚。明朝初期,金山卫城守军将领汤和(信公)在此建马场,驯养军马,"马棚"之名由此而生。

马棚地区的村民在长期的生产生活中积累了社会风俗习惯、方言土语、民间传说等。这些习俗、方言、掌故具有鲜明的地域个性,是马棚地区老百姓共同的财富,承载着"一方水土养育一方人"的温暖记忆。

马棚地区名人不少。有被称为"白须太太"的张同庆,为人仁厚,行善不倦,深得民众尊敬。还有杨先伯、杨九一等医德高尚的乡村郎中。此外,金山早期共产党人张善述、建国功臣郭阿根、"新街暴动"的领导人戚福根、"新街暴动"的"红色暴动队"骨干姚阿大、中国新民主主义青年团青年张友益等,也都是马棚人。

马棚也是有名的红色基地。新四军浦南先遣支队马棚遭遇战就发生在马棚。1928年,陈云在马棚一带开展革命活动。在一次行动中,马棚村民潘阿管利用自家的大水缸,巧妙掩护陈云躲过了国民党警察重兵追捕。

数百年间,马棚地区的先民们在此辛勤耕作,过着日出而出、日落而落的生活。新中国成立后,特别是改革开放以来,马棚地区注入了新的活力,农业、副业、工业、文化、社会各项事业蓬勃发展。村民们亦工

亦农、丰衣足食,过上了小康生活。

茅柴塘里建马棚

在漫长的历史过程中,上海地区早在5000年前就形成了陆地。由于地壳运动的变化,从四世纪以后,地壳不断下降,海面上升,故山阳地区东南部经受了海潮淹没冲击影响,大片陆地塌没,现在的乌龟山、大、小金山原来与陆地相接,自宋代开始逐渐沦没于海中。元代起加固海塘,清朝雍正年间,大仆侍卿俞兆岳筑石塘——钦公塘,才使这一带的海岸线稳定下来。

明洪武十九年(1386年),安庆侯仇成等奉命设金山卫之后,信国公汤和筑金山卫城,周围12里60丈,高2丈8尺。城内屯兵数千名,军马无数。官府官邸、学府商贾、庙宇祠堂集聚于此,大兴土木,没多久,城内只剩下一亩三分空地。那马可不能天天关在那窄小的棚舍内。怎么办?汤信公率幕僚站在城墙上向东北望去,数里之外,有一大片长满茅草的荒地。这不是天赐的牧马草场吗?

汤和派官员前去考察,这里曾是柘湖,宋朝淳熙年间逐渐淤塞成良田,由于雨量充沛,土地中的盐分逐渐下降,大片的土地慢慢长满了茅草,故称茅柴塘。汤和打算在茅柴塘新建马厩,并报请京城最高府衙同意,驻守卫城的官兵雷厉风行,六个月后,一座气势磅礴、规模宏大的马厩建成了。自南向北五十丈,然后折向东,又是五十丈,棚顶高八尺余,屋檐高约六尺,每三尺分隔成一间。两排马棚的对面为六尺高的栅栏。南边建几十间官兵宿舍,兼做围栏。大门朝东开。宿舍东边搭建一三丈高的瞭望塔。只要有马群出栏,就有一士兵登高远望(放哨),一年到头,天天如此。从此以后,人们把这方土地称为马棚。

马棚建成后,明朝洪武元年,山阳地区遭遇了台风侵袭,海水漫过护塘,

倒灌内河,冲毁房屋,淹没庄稼,人畜伤亡很多。台风过后就发生了瘟疫。先是人遭殃,后来殃及牲畜。马棚虽然只是被吹掀了部分棚顶,马没有遭受损失,可是军马也要饮干净水呀!单靠原先的几个水潭不够。怎么办?军事卫所指挥使一声号令:发动军营兵士突击开挖一水塘。那水塘呈长方形,面积足有十来亩地。这水塘挖在马棚的南边,时间一长,马棚不再养马了,可那个南水塘还在。人们把马棚这个地方叫作南塘。

随着历史的变迁,茅柴塘-马棚-南塘的小地名一直沿用至现在。

新建小马棚

马棚建成三十多年后。明朝廷委派侯端任金山卫指挥使,人称"白马将军"。侯端武艺高强、为官清廉,特别喜欢骑马作战。他对马情有独钟。有道是千里马常有,伯乐少有。可是侯端身为指挥使,却经常来马棚相马——挑选他意中的好马、骏马。

最高司令官经常光顾马棚,马场的官员兢兢业业,忠于职守,底层的那些牧马人,更是使出浑身解数,一心扑在养马上。特别是分到长官看中的马,饲养过程中,更是小心翼翼,生怕犯错。有道是:世上无难事,只怕有心人。马棚——养马场官兵一致,群策群力。尤其是官府还颁布了一项养马的奖励政策。只要繁殖一匹小马驹,就可以获得数额不菲的奖励。

小马驹越来越多。有人说,这不是好事吗?但任何事情都有两重性。这话怎么说？母子情深，相互牵挂。尤其是到了小马驹训练的时候，那些教官恨铁不成钢，少不了要动粗（体罚），那粗狂的吼叫训斥声，清脆的鞭子抽打声，不用说亲眼目睹，就是听见马驹的叫声，母马就会心神不宁。现在换一处地方，眼不见心不烦。再说地处三里路北边的甸山，是个好地方。就这么一段路，碰到什么事情联络起来容易，小马驹牵过去也十分方便，管理也便捷，可以两边兼顾。一经决定，立即大兴土木，建造了占地10多亩的马棚。用来专门喂养断奶后的小马驹。因为规模比南马棚小，这里就叫它"小马棚"了。

小集镇的形成

600多年前，金山卫驻军选址马棚地区饲养军马，从此该地方就叫作马棚。可时过境迁、沧海桑田，到了清朝顺治年间（公元1650年前后），马棚地区早已经不见了马的踪影。倒是新筑的南北和东西走向的官塘大道（俗称车路）在此交汇，形成了十字路口。

当年，官塘车路上难得有官员坐马车下来巡视，因此车辆极少，倒是马、轿子比较多见，当然最多的是行人。譬如金山嘴卖鱼的鱼贩子，他们有的挑着担子串村走巷叫卖，有的直奔甸山、新街，甚至张堰、朱行等。无论是从东南方向金山嘴过来的，还是从正南方向的戚家墩、南门过来的，到马棚地界已经气喘吁吁，大汗淋漓，跑远路的就在这十字路口停下来，歇口气，喝口水，抽水烟的抽筒烟。零卖的则吆喝三声，顷刻围拢一群人……

时间一长，每到差不多辰光，十字路口总会聚集起一群人。除了鱼贩子，还有卖南北杂货的，走江湖买膏药的，包括收破烂换麦芽糖的。开始，有热心人利用树棍、竹竿、稻草等搭建简易凉棚，夏天遮阴，冬天挡风，雨天避雨。几年后，离路口不过百步距离的张家，此时已家大业大，腰缠万贯，为了庇荫子孙，就出资建造五六间房子，专门供过往客商、行人歇脚。附近有个杨姓人本来是张家的佃户，征得地主同意后，就利用早晚及劳作之余开起了茶馆。一个姓胡人家开了家药店，以后陆续有人开了南杂店、中医诊所、手工作坊、小酒店、肉店等，到民国初期，小镇上已开办了35家店铺。马棚小集镇慢慢形成。

明末清初以后，张姓财主在马棚周围圈地建房，先后有春晖、云荫、晖萼、凝道、白洋、漱泾等庄园和祠堂,是浦南三大地主之一,曾称"塘里张家"。其中凝道堂、漱泾堂两家,共占地1000公顷余(16000多亩),年租八千余石。故马棚镇兴盛一时。民国时期,马棚乡设乡公所、守望队、警察会所、自卫队等机构。

解放初期土地改革时,张家地主的财产、房屋、土地被人民政府没收。分配给贫苦农民。凝道堂104间、漱泾堂70多间房屋,除少数分给农户外,1958年作为政府粮站。1970年代初仅存房屋逐渐被拆除。

近年来,特别是党的十九大以来,山阳镇贯彻新发展理念,落实国家"乡村振兴"战略,围绕滨海度假区建设,主动打好"生态休闲牌",在全市率先启动"一村一公园"建设,在各村规划打造亲子、体育、文化、健康、生态等14个不同主题的公园,改善优化人居环境,建设美丽乡村,马棚文化公园就是其中代表之一。

该公园注重文化和生态有机结合,以"复兴千年马棚、打造最美乡村"为主题,充分挖掘马棚文化内涵。一方面,由山阳文史研究会的老同志编撰了20万字的《马棚的故事》一书;另一方面,邀请市内专业设计单位高标准设计,并注入如马棚发展的历史沿革以及马印、马槽、马的歇后语等文化元素。园内建有马棚文化体验区、农耕文化体验区等不同片区,增加了公园的文化底蕴,让马棚公园既充满"气质",又彰显"个性"。此外,在马棚文化公园北面,建设了马棚文化展示馆,在让村民游客休闲活动的同时,留住那份记忆乡愁、史实文物。

城市让生活更美好

　　1997年5月，金山撤县建区，区政府落户山阳镇杨家村。行政中心一确立，新城区建设立即拉开大幕。

　　如今，这里高楼鳞次栉比，道路纵横交织，居民楼拔地而起，绿地公园随处可见，已成为金山区商贸金融中心，为民服务中心，文化、教育、卫生中心……

杨家村。

昔日粮棉油 今朝场路楼

杨家村成为新城区的腹地。动迁后的村民融入城区。清晨,农贸市场熙熙攘攘的人群不时传出熟悉的乡音;上班时分,道路上穿梭般的车流里常见村民们相互挥手致意,非机动车道上,扎堆成群的骑车族里挤满了脸庞黝黑的村民;入夜,公园、广场彩灯闪烁,翩翩起舞的队伍里,总少不了杨家村民的身影。

1998年8月,区政府大楼群破土动工,占地面积81200平方米,建筑面积38000平方米。2005年9月－2009年3月,建成建筑面积27400平方米的区行政服务中心大楼。村域内还有公安局、法院、武装部、电力、税务、城投(档案馆)、农业银行等大楼。有金山融媒体中心、区图书馆、区文化馆,教育园区内有金山初级中学、金山小学、新城幼儿园、教师进修学院,区域内还有前京中学、世界外国语学校、前京小学、金悦幼儿园等,有复旦大学附属金山医院。有金山万达广场、红星美凯龙广场等商业体。有金世纪花园、清风别墅、君越国际、水韵紫城、海趣馨苑、龙泽园、红树林、香颂湾、万盛、万达、万盛金邸等数十个居民小区。

风水宝地杨家村

1967年春社员平整土地,掘开古墓。外廓石砌,中廓原棵杉木建

成。内停楠木棺材3具,中为男尸,左右为2女尸,均身着蟒袍,腰围玉带,2女尸身上有金饰。旁有墓碑三:一为"明故昭勇将军之墓",一为"明故淑人刘氏墓志铭",一为"明故淑人严氏墓志铭"。严氏全身缠丝,尸体未腐,挖出后,尸体见风即腐。昭勇将军即明朝金山卫指挥使西贤。他长年主持修葺卫城、独树营、胡家港堡、江门营等沿海营堡工程,身先士卒,恤穷爱下。刘氏名妙澄,为西贤之原配。严氏名妙能,16岁适为西使妾,后继正。

杨家村村部大楼

杨家村村名来自这样一个故事。说是清朝乾隆皇帝执政时期,国事平稳,世风清和,民间的百姓们辛勤即有食,善治也可富。金山卫城北一杨姓大家属弟兄众多,人丁兴旺,原先所种的田地已不能满足家业发展的需求。

来到了金山卫东门外安家。杨宝田金山卫大观学校读书。喜欢练功弄武。场角上辟练武场,摆放石榔头、沙袋、青石。逐渐长大的杨宝田懂得了做人要伸张正义,要不畏强暴、同情弱者等道理。那年头,正巧家里的母牛生下了一头小牛犊,杨宝田一有空,就将小牛抱在怀里,梳梳毛,洗洗脚。周边的老百姓见杨宝田力大无穷,就称他"杨将军"。俗话说:人怕出名猪怕壮。出名后的杨将军身上又发生了许多"路见不平就出手"的故事。

村域内张家浜的后埭高悬着一块朝廷赐匾——宽2米多,高度约1.2米。上用楷体写"劳资利济"四个鎏金大字,落款为"光绪三年"(1877年)。旧港河为青龙港淤塞后一条南北走向的主要河流,很长一段时间为松江县与金山县的界河。相传这块牌匾为张家浜高祖在清光绪三年因疏浚旧港河有功,官府赐给他的。匾上"劳资利济"四个字,从字面分析,既有"劳",即劳动力的付出,也许当时他家男丁多,都是强劳动力;又有"资",那就是钱,是否可以做这样的推测——家境殷实,有资助能力,且慷慨解囊。张家房前屋后的河浜都是旧港河的支流(只有百米距离),无论是种田灌溉、船只运输,还是人畜饮水、浆洗沐浴,张家及近邻都是最大受益者。

此地还流传着红色故事。1929年2月6日,声势浩大的"新街暴动"失败以后,松、金、平、奉等县的地方武装,集中所有军警,对浦南地区进行搜查。中共党组织为了打击反动军警的嚣张气焰,研究决定发动伏击战。1929年2月11日,暴动队员在东门外蒋家桥头镇压了土豪劣绅陆伯希。并宣布其罪状,署衔"中国共产党浦南执行委员会"。2月12日(农历年初三),中共浦南区委领导的地下武装伏击缉私营第三中队长张吟泉和他的姘妇。张吟泉的姘妇当场毙命。张吟泉送医院的路上毙命。共产党有组织地镇压土豪劣绅陆伯希、袭击缉私营中队长张吟泉的举动惊动了地方当局。2月15日,山阳缉私营会同松江、金山、奉贤等县军警群集甸山一带,挨户搜查中共地下党员,烧毁了他们的房屋。

踏实奋进 勤俭富民

践行凝聚力工程。对65岁以上的老年人,每年给予每天1元的补贴,逢春节、敬老节另发200元现金和调

村经济合作社分红

和油等副食品,中秋节发月饼。给老年人发放理发、喝茶补贴,给老干部发放干龄补贴。设奖学助学基金,重视教育投资。2004年起,对考取(就读)大学村民子女每年补贴1000元,包括研究生。同时资助特困家庭的孩子,帮助他们完成学业。累计1364人次,金额达130余万元。这举措鼓励、引导了村民舍得对子女的培养,提高了新一代村民的素质。对遭遇大病或灾祸等的特困家庭及时救助,帮助走出困境,提升他们的获得感、幸福感。

逐年壮大村级经济。杨家村党总支部践行"发展是硬道理",敢于创新实践,凝心聚力于集体经济的发展。一是让村积累的集体资金活起来,审时度势购买了新城区中心地段的商铺等,租赁给金融商贸企业,收益可观;二是利用区域优势,将村有办公楼、"三室一点"用房、老厂房等出租,每年收取百万元以上的租金;三是招商引资不停步,既"欢迎新客户"又"不忘老客户",年实际得益超百万元。全力盘活老厂房,建成"以商引商,招商引资,强化文化品牌"的村级开乐文创园。截至2021年,落户杨家村的企业296家,上缴利税超过1.9亿元,政府对村的招商引资奖励达2192万元,村可支配收入逐年增加。2020年,全村可支配收入1018万元。村级集体经济持续为山阳镇乃至金山区的领头羊。

率先成立村经济合作社。2013年成立金山区第一家经济合作社,集体资金9500多万元。次年3月18日,全体村民(股民)享受到第一次分红。经济的稳健发展,分红也实现了八连涨,从2013年的每股12元、总分配额144万元,增加到了2020年的每股16元、总分配额196万元,为全区最高。8年来,全村分红金额累计1399万元。

留住乡愁记忆的村史馆

杨家村村史馆是在原老厂房的基础上改建而成,并保留了部分厂房元素,占地面积达350平方米。村史馆不大,但藏龙卧虎:明代金山卫指挥使家属的墓志铭,能证明村史悠久;清代官府赏赐的匾额,说明先祖遵守公序良俗,村境民风淳朴;大大小小、锈迹斑斑的车床告诉后人,村民能富起来,工业功不可没;而设"教育专版""志书专柜"则证明杨家村文化底蕴深厚……得知村委会筹集老物件的

消息后,村民踊跃献出自家的"宝贝"。顾巧龙把"古董"喷枪(喷雾器的一种)拿出来。朱金法捐出1951年的土地房产所有证(当时山阳隶属松江县)。

"犁、耙、蔺蒲、粪桶、蓑衣、草鞋,这些生产工具和生活用品逐渐淡出人们的视野甚至消失。古老的农耕文化,越来越让年轻人感到陌生和遥远。而记录着杨家村历史发展脉络的物件、承载着杨家村成员记忆的村史馆,将成为子孙后代探寻杨家村精神的物质载体,也将进一步增强村民对杨家村的情感认同,共筑杨家村发展的自豪感和责任感。"杨家村党总支书记、村主任陈春花这样说。

从科创园区到城市品牌策源地

2019年4月18日,位于金山区山阳镇亭卫公路1000号的一座园区热闹非凡。原来当天是上海湾区科创中心正式开园的日子。盛大的开园仪式吸引了近百位各界人士参加,各大媒体也争相报道。上海湾区科创中心瞬间映入大众的眼帘,知名度可谓是一炮打响。但是随之而来的也有困惑和质疑。上海湾区科创中心究竟是做什么的?位于远郊的小镇居然敢打"上海湾区"的名号?让我们一起走进上海湾区科创中心,倾听它的故事。

上海湾区科创中心。

上海湾区科创中心政商展示大厅

上海湾区中科生态数字港效果图

上海湾区东湖国际创新中心效果图

依湾而兴，创新策源

纵观全球，湾区经济是当今国际经济版图的突出亮点，是一流滨海城市的显著标志，具有开放的经济结构、高校的资源配置能力、强大的集聚外溢功能和发达的国际交往等特征，发挥着引领创新、聚集辐射的核心功能。世界著名湾区如纽约湾区、旧金山湾区、东京湾区和粤港澳大湾区，已成为带动全球经济发展的重要增长极和引领技术变革的领头羊。

长三角是我国经济最活跃、开放程度最高、创新能力最强的区域之一，以仅占全国2.1%的区域面积，集中了全国1/4的经济总量和1/4以上的工业增加值，被视为中国经济发展的重要引擎，是中国经济最发达的地区之一。长三角在地理位置、交通网络、设施配套、产业发展等方面与四大湾区高度相似。上海作为国际经济、金融、贸易、航运中心，发挥着龙头带动作用。金山作为上海的西南门户,自古控扼大海,襟带两浙,是长三角的重要节点;海陆相依,城乡融合,是上海唯一的滨海城市生活岸线;产业兴盛,品牌荟萃,是上海产业发展的重要腹地。

2014年5月,习近平总书记在上海考察调研时对上海提出了"加快向具有全球影响力的科技创新中心进军"的全新要求。2015年5月27日,上海市委、市政府正式出台《关于加快建设具有全球影响力的科技创新中心的意见》,提出要建设各具特色的科技创新集聚区。

在上海建设具有全球影响力的科技创新中心的时代背景下,在金山地处长三角核心节点的区位优势下以及特有的海洋文化基因的加持下,山阳镇于2017年年底正式提出建设上海湾区科创中心。

在此后的一年多时间里,进行首发区域C65地块整理工作、编制产业规划、完成城市设计、建设政商展示大厅……最终,通过一年多的筹备,上海湾区科创中心顺利开园。

创新驱动,转型发展

上海湾区科创中心坚持科技引领、创新驱动,围绕生命健康、人工智能、环保科技与文化教育等重点产业构建产业生态。先后引进了清华长三角研究院、清华大学天津高端院、中国科技开发院等院校机构,与上海市公共卫生临床中心在生命健康领域达成了多项合作,初步形成了以上海湾区科创中心为核心的"一中心、一基地、多平台"的发展新格局。

上海湾区科创中心所在的大厦,原先叫金瑞大厦,断断续续盖了

十余年，结构封顶后，由于各种原因，便一直处于毛坯状态，被许多市民戏称为"楼慢慢"。而今，曾经的"楼慢慢"，开始了凤凰涅槃般的华丽转身。开园至今，共吸引企业落户超2000家，累计产税超5亿元。

平台经济发展良好的同时，上海湾区科创中心的园区建设也按下了"快进键"。2020年，园区确定中国科技开发院作为首期开发运营主体，双方合作打造以企业总部与科技研发为主导，创新孵化和配套服务功能为支撑的宜业、宜创、宜居的"科创之城"，即上海湾区中科生态数字港。2021年，上海湾区科创中心与武汉东湖高新集团正式签约，共同推进上海湾区东湖国际创新中心的建设。双方以生命健康为创新引领，以新一代信息技术为重点支撑，聚合研发－测试－转化－投资－孵化－加速多种业态，共建面向国际前沿的"硬科技"产业高地和国际一流研发创新中心。与此同时，成立转型发展办公室，将过政府引导社会资本参与合作的方式，聚焦亭卫公路沿线400亩工业用地，推进转型升级，为园区的长远发展腾出空间。未来，一座座商务楼将拔地而起，一个配套完善、生态友好的科创园区将在此建成。

品牌推广，服务全面

2018年，上海湾区科创中心明确了logo和VI系统，形成了"世界新湾区，科创新动力"的标语。目前为止，以"上海湾区"、"湾区（上海）"为字号设立了7家公司，成功注册129件上海湾区科创中心品牌商标，其中3件商标列入第一批金山区重点商标保护名录。2020－2021年，连续两届周年庆——"418BAYDAY"湾区品牌日活动，分别与科技创新项目路演、产业峰会等活动相结合，成功打造集产业招商、科技展示、项目签约、行业

论坛等于一体的上海湾区品牌宣传嘉年华活动,全面提升品牌知晓度与认同度。此外,还紧扣金山历史文化,以西周时期的"贝"字为原型,成功推出吉祥物"湾贝"以及周边产品。

上海湾区科创中心始终秉持"优化营商环境,助力企业发展"的理念,努力使营商服务成为"金字招牌"。2020年9月,上海湾区科创中心服务中心——BAY客厅正式启动。当天,区科委授牌成立湾区企业服务站,公共法律服务点同时入驻。上海湾区科创中心研究制定湾区"政策十条"面向全球求贤纳才,让企业在享受市区两级政策的同时,也能获得上海湾区的"保驾护航"。2021年3月,上海湾区科创中心正式开启首届"BAY客"奖的报名通道。经过层层选拔,最终8个项目被评为优质项目,获得政策扶持,39位企业人才享受人才公寓政策。上海湾区科创中心还获评2020年度金山区优化营商环境先进集体。

凝心聚力,筑梦湾区

两年来,上海湾区科创中心从呱呱落地的婴儿到现在开始蹒跚起步,这中间最振奋人心的无疑是2020年12月上海市委书记李强同志实地视察,对上海湾区科创中心取得的成绩给予充分肯定。之后,在金山五届区委十二次全会上,"上海湾区"作为金山城市品牌第一次响亮提出。金山区"十四五"规划和2035愿景目标中也提出全力打响"上海湾区"城市品牌。上海湾区科创中心也与碳谷绿湾产业园、上海湾区健康医学城、金山滨海国际文化旅游度假区、金山大道经济走廊作为"一谷一城一区一带一中心"重点发展,将围绕建设产城融合样板城市、滨海花园城市、门户节点城市的具体路径来展开,将金山打造成富有开放性、创新性、宜居性和区域性的长三角新兴城市,成为上海都市圈的重要一极。"上海湾区"由此从园区品牌跃升为城市品牌。

上海湾区伴随着长三角一体化上升为国家战略应运而生,也必将伴随着长三角一体化发展而高速发展。上海湾区科创中心作为上海湾区的策源地,正为时代崛起,为创新探索,为未来代言。上海湾区科创中心前景可待,未来可期!

金山卫镇

星火燎原话振兴

"你好,听说这边有一个史迹馆,我想咨询一下什么时候开放?周末是否可以带孩子参观一下?"

类似的询问,时常会在星火村委会听到。不管是附近村民,还是闻名而来的家长朋友们,都表达了对史迹馆的好奇心。

随着星火村成功创建上海市第三批乡村振兴示范村,其全力打造的史迹馆也随之揭开面纱。这里是留住乡愁的时光隧道,也是开创未来的明亮灯塔,更是红色本土文化的传承地。

星火村。

老物件浓缩着时间的厚重,承载着集体的记忆。它们伴着一代又一代人的成长,如今它们带着时代记忆,再次展现在众人面前,让年轻人感受到了历史的痕迹。

老物件陈列室初成型

史迹馆的建成,不是一蹴而就的。最开始,它还只是叫村史陈列室。那是在2018年8月,星火村党总支以争创上海市美丽乡村市级示范村为契机,提出收集老物件、筹建村史陈列室的想法。想法一经提出,就得到了多数党员、群众的强烈反响与支持,一场轰轰烈烈的老物件征集活动就此展开。

仅用了三个月,村委会就收集到了由村民捐赠出的老物件500余件,其中不乏相当珍贵的物品。比如,计划经济年代使用的粮油票证、民国38年征收公粮公草的收据、1949年10月1日新中国成立时的人民日报红色收藏版、1951年的金山县土地房产权证、1953年版的第二套人民币纸分币、百年历史的土布旗袍、老式织布机、摇车等等,它们跨越了时间的长度,再次映入人们眼帘。

收集来的所有老物件以"红色记忆""纺织工具""农业生产工具""生活用具"等四种不同的类型进行归类整理,在第15村民小组的280平方米的仓库里进行展陈。就此,村史陈列室初具雏形,星火村经济社会发展的脉络和规律被清晰罗列、展示。

"我们收集的老物件没有花一分钱,而是以整整18个会议为成本。"据村党总支书记奚明芳介绍,通过不断地宣传、引导,让村民意识到"留住乡愁"的必要性。工作小组克服种种困难,完成了老物件的收集与展陈工作,这都离不开村委会干部的高度重视、广大村民的正确认识和积极参与。

星火村史迹馆终落成

如果说村史陈列室的筹建是打牢地基,那史迹馆的建设就是添砖加瓦、进一步优化升级。

2020年5月,星火村入围上海市第三批乡村振兴示范村创建单位。以此为契机,星火村强化阵地建设,着力打造星火人的精神家园,500平方米的史迹馆建设计划被列入了创建项目中。

乡村振兴,文化先行。史迹馆于2021年7月正式开放,馆内展陈建设共分为"星火往昔""星火璀璨""星火永续"三大板块,通过以大量的图片、文字、实物、数字影像等形式,从不同角度展示了星火村境内的历史沿革、社会民生、文化教育、民俗风情、古迹人文等内容。

史迹馆从2021年5月开始布展,由镇党群中心、村委会、退休干部、老教师等多方力量历时2个多月共同搜集整理史料,一遍又一遍地查证,力求将历史真实的一面展现,逐步完善史迹馆功能。对油布伞、摇纱车、木饭桶、犁鞍等木制农具、生活用具,在保留时代印记的同

时,进行专业保养,让其能够更好地展示出来。

史迹馆的落成,不仅是乡村振兴项目的落地,更是让星火人的思乡之心得以安放。全方位、广角度地展示星火在不同时期的发展原貌,通过现代与传统、写实与写意的有机结合,将展馆打造成了一个能够触摸历史文化、抒发思想感情、延续红色精神的阵地。

传承本土文化不停歇

对于很多"60后""70后"村民来说,童年就是在吱吱呀呀的老式织布机的声音中度过的。然而,随着社会的快速发展,这种声音逐渐被电子设备所发出的各种各样的声音所替代。

听不到的织布机声、不再使用的粮油票据,代表着一个时代的逝去。但我们不应就此忘记来时的路,而是立足现在、回望过去、展望未来,所以留住乡愁、传承本土文化的重要性不言而明。

史迹馆作为存藏乡村传统文化、展现优秀民族文化价值的重要平台和有效载体,有利于本土文化的认识,推动本土文化发展,使文化资源能够得到保护、传承和自主发展,构建文化自信,进而将文化艺术推介到更大的舞台上,使之成为人们丰富精神生活的食粮。在星火村史迹馆,不仅能感受到乡韵乡愁,也能感受到星火人世代勤劳朴实、敢于拼搏、砥砺前行的星火燎原精神。

文化的传承,不应以史迹馆的落成而停止,这是一项长久且伟大的工程,需要不断努力,让老物件将历史故事、思想智慧、价值理念以具象化的方式呈现在人们面前,帮助人们触摸、回味和体悟优秀传统文化。

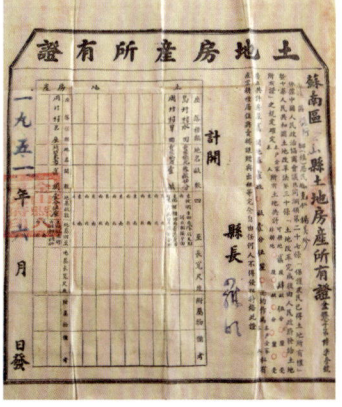

接下来,星火村也将继续搜集更多老物件,不断丰富完善馆内的展陈内容,更加注重打造沉浸式教育模式,使参观者有一个更为直观的感受,同时,结合党史教育,积极推动红色历史文化深入人心。

田歌嘹亮 "羊"名天下

张桥村历史悠久、人文荟萃,拥有两项非物质文化遗产。其中张桥羊肉是金山区非物质文化遗产,明嘉靖年间,时任浙直总督兼浙江巡抚胡宗宪称之为"天下一品羊肉";金山卫田山歌是上海市非物质文化遗产,金山卫田山歌以张桥梁家田山歌为主。张桥村村民梁保明、祖父梁阿瑞、父亲梁志泉均是田山歌好手,张桥田山歌就以梁家命名。

传承非遗文化、留住乡愁。张桥村全力打造了"张桥非遗展示馆",汇集本地区特色非遗保护项目,为步入展馆的您带来最有韵味的张桥记忆。

张桥村。

"羊"名天下

明嘉靖年间,东南沿海倭患日益猖獗。胡宗宪领浙直总督衔,任戚继光为参将。一日,胡宗宪视察金山卫所驻戚家军,半途之中,百姓献当地羊肉犒劳。宗宪为肉香所引,驻足品尝,赞不绝口。应百姓之请,宗宪为此肉提名"是为天下一品"。

胡宗宪以张桥羊肉,大宴戚家军。戚继光遂于演武考场支起七口"千人锅",烹羊备酒,热闹非凡。宴初,胡宗宪举杯训言:为国除贼,今试我等,忠勇耳。一番饱食畅饮,大军即开拔台州。赖戚家军血战,终于此役,一举扫平倭患。

戚家军凯旋,众百姓夹道相迎。为庆台州大捷,胡、戚二人摆下羊肉庆功宴,百姓亦献自家山羊犒劳将士。一夜大宴,欢饮达旦。后史有云,此役盖因军民一心,方始除倭患,而引于其中者,张桥羊肉是也。嗅其香、品其味、观其色、受其功。张桥一品羊肉,自此名满天下,香贯古今。

当年演武场上的七口"千人锅",百年之后尚有一口留在张桥,当地百姓逢年过节,还会用此锅炖煮羊肉,举办"百家羊肉宴"活动。张桥羊肉在烹饪过程中,继承前人烹调经验,不断创新烹调技能,烧制的白切羊肉色香味形样样俱全,红烧的羊肉红亮透明,酥而不腻,既有江南风味,又迎合现代人的口味和消费要求。

张桥村自2009年成功地举办了"首届金山张桥羊肉文化节"以来，不断深入挖掘和继承张桥一品羊肉的历史文化内涵，"张桥羊肉"的品牌效应日益凸显。目前，村内建有40多亩本地羊养羊基地，加上几十户村民家庭养殖，确保了张桥羊肉货源的充足和质量的保证，打造羊肉一条街，张桥羊肉已逐步走出张桥、走出金山。

田歌嘹亮

张桥地区民间音乐，尤以田山歌独具风格。田山歌又称耘稻山歌，它作为一种文化现象，记录了历史文化、婚姻爱情、民情风俗，反映了人文语言心理等大量内容。

张桥田山歌，源远流长，代代相传、口口相承，是上海田山歌大系统中的重要组成部分。在千百年岁月传承中，田山歌这种带有浓重乡土味道、来源于稻花香里的民间文化现象和音乐形式，在金山卫及周边地

区广为流传,并深深融入当地人民的文化血脉之中。

田山歌是由一人领唱众人轮流接唱、和唱。曲调高亢悠扬、抒情优美,具有浓厚的地方特色。演唱时常见的有7人唱,5人唱或3人唱。以7人唱为例,头歌1人、撬头歌1人、卖山歌1人、要山歌2人、采落梢2人。一般两个乐句为一乐段,由若干个乐段组成一首山歌。演唱的顺序是,头歌者先唱两句开场白后,然后唱头歌首句,撬头歌者紧接着头歌首句末字作拖腔,节拍自由,头歌者第二句,卖山歌者接着重复头歌者的首句,要山歌者紧接着卖山歌者用"哇……哇……哇……"作拖腔,随之卖山歌者又重复头歌者的第二句,接着采落梢者用"伊嗳……嗳……吆好……呜啊……呜啊……"作拖腔。

梁家浜(现为张桥七组)的梁保明一家,是个田山歌世家,祖父梁阿瑞、父亲梁志泉是唱田山歌的好手。梁保明从小受到熏陶,深得梁家田歌要领。梁家田歌从新中国成立前流传至今。

梁家田歌班子祖孙三代,在20世纪60年代中曾多次赴上海等地汇报演出,受到市领导和艺术家的赞赏。梁家田歌《石匠锻磨走老路》等被选入《中国民间音乐集成》上海卷和全国卷。时至今日,古老而淳朴的金山卫张桥田山歌,依然有其独特的价值,是上海市非物质文化遗产项目。

八字箴言 向美而行

　　金山区金山卫镇八字村，是典型的江南鱼米之乡，土地肥沃、物产丰富。八字村因村中"八字桥"而得名。该桥为出身张堰望族的晚清举人高煌所建。

　　八字村历史悠久，因母亲河沐沥港成市。明清时期形成集镇，民国初年商市较盛，有典当、木行等店铺20余家。八字村人文荟萃，因桥得名。村中有一座叫"八字桥"的石桥，由金山晚清举人高煌（著名天文学家高平子的父亲、诺贝尔物理学奖获得者高锟的叔祖父）出资所建。石桥南向两侧刻有"孝悌忠信""礼义廉耻"八个字。这"朱子八德"，也影响了一代又一代的八字人。

八字村。

八字桥

石桥南向两侧镌刻有"孝悌忠信""礼义廉耻"八个字,而这也被称之为"朱子八德",是宋代理学家、思想家朱熹对于儒家优秀传统文化的经典概括。

深挖"八字桥"根文化

雍正四年(1726年),本地内涝成灾,棉、禾受淹。朝廷发动百姓,开挖了沐沥港,把八字小集镇分为东西两处。沐沥港上没有一座桥,百姓上街、走亲访友十分不便。于是,邻近百姓各自拿出材料,先在东街西首造了一座木桥。不久,又在八字小集镇南市梢处造了一座木桥。

说来也巧,南北两座木桥恰成了一个"八"字形。从此八字桥就得名了。

民国25年(1936年),八字桥因年久失修,桥面已多处缺漏,行人须小心翼翼才勉强过桥。桥西有所沐沥小学(1908年,金山县劝学所在此增设"南五沐沥小学",1913年开办沐沥小学),过桥就读的小学生,一不小心便掉下河去,胆小的望而却步。沐沥小学里有位俞老师(家住今星火六组俞家宅),见此情景,心急如焚,却无力解救。于是,他同几位老师一起拜见了张堰秦望高家老爷高煌,请他出资造桥,以解困境。

高煌(1867－1943),字望之,号尚之,张堰秦望村人。清光绪二十年(1894年)甲午科举人,他关心乡邦建设,尤重教育事业。光绪三十一年于秦山旁辟地建舍,设立实牧学堂。光绪三十四年,又在孔家阙设寅宾学堂。先后助建石桥38座。对捐资浚河、抚恤孤寡、平粜济灾等事,更是不遗余力。

高煌闻听情由,便一口答应造桥。第二天,派人实地勘察,最后"合二为一",决定将八字小集镇南市梢的小木桥改建石桥。石桥造好后,高家请名人在石桥南两侧刻有"孝悌忠信""礼义廉耻"字样,石桥北两侧刻有"永仰千秋朱紫阳,但看八字丹青炳"字样,桥面两侧刻有"丁丑年春日""八字桥""高尚志堂建"等字。所刻之字,刚劲有力,据说还是著名书法家的手迹。

2002年,八字村投资55万元,修筑了村级白色路面主干道。紧挨着八字桥北侧,筑起了一座双车道水泥大桥。但仍有部分行人边观赏,边经过这座石桥。

八字桥位于村境内二组与十二组交界处,跨越沐沥港。跨径组合,东西长18米,宽2米。上海市金山区登记为不可移动文物,金山区文化广播影视局于2003年11月21日公布、立碑。2016年12月,登记为上海市金山区文物保护点,金山区文化广播影视管理局公布、立碑。2019年11月建成村史馆,将换下来的不可移动文物移至馆中,保存并供学习参观。

传承"八字桥"根文化

以"八字"老桥作为重点保护文物,沿线打造"八字"文化长廊,"八字"乡间小集市。2019年,八字村打造村史馆,挖掘村史人文典故,将"八字桥"的故事传承发扬,进一步丰富"八字桥"根文化。

近年来,八字村两委班子始终以党建引领,富民强村为宗旨,落实好"三会一课"制度,小事上实行"两委班子"专题会议讨论决策,大事上形成"一事一议""村监会""村民代表大会"民主议事制度,全村自治氛围浓厚。

2019年8月,为更好地便民利民,村干部实行开放式办公,两委"亮牌"、党员干部"亮身份、亮承诺",实行村干部轮值制。2016年至2018年拆除区域内违建16.76万平方米,2018年成功创建为无违建村居。

同时,做好"三支队伍"建设,通过志愿者联系服务群众,实行"网格化"党建,充分发挥示范引领作用。落实河长制、"幸福家园"推进包干制,村自筹资金委托第三方保洁公司,党员带头,积极开展村庄清洁行动,全面做好"四清、两美、三有"工作,维护好八字村"天蓝、地绿、水清、景美"村容村貌。

此外,村民业余文化生活丰富,民风淳朴,多年来,八字村自发组建的老年水兵舞团,在区、镇内小有名气,依托"元宵""端午""中秋"等传统节日,开展节庆活动,积极参与"金山最美家庭"评比,加强文化墙建设,弘扬文明和谐、崇尚科学、反对迷信、树立诚信、尊老爱幼、勤俭节约、奉献社会的乡村风尚。并通过八字村微信公众号、老年活动室、老年日托中心、"八字学堂"等阵地加强宣传,激发八字村民热爱生活、激情工作、互敬互爱的乡村文明。

乡村振兴战略的时代东风,也让八字村这方历史底蕴深厚的热土焕发了新的生机。八字村秉承"孝悌忠信礼义廉耻"的中华民族传统美德,紧紧围绕"美在生态、富在产业,根在文化"这一主线,带领全村人民群策群力、攻坚克难、撸起袖子加油干,为打造"宜居八字、美丽八字、幸福八字"而不懈努力。

寻找红色记忆的起点

初心馆位于金山卫镇农建村,是金山历史上第一位共产党员李一谔的故里。在这里,我们追寻着金山红色革命的初心印记,感悟先辈初心。

初心馆。

前世今生

据了解,初心馆展馆的前身,是"307"区域市级生态环境治理的指挥所。"307"指的是金山卫镇农建村、卫通村张泾河沿线的3.07平方公里的土地,曾是"脏乱差"的代名词。

作为上海市级生态环境治理区域,"307"区域环境综合治理经一年的努力,用实际的行动和成果向区域百姓兑现诺言,曾经的"脏乱差"已经一去不复返,破败乱象已成"乡村图画",整洁有序,绿意盎然。

2020年,全国各地都在开展"四史"学习教育。农建村是李一谔烈士的出生地,村域内有李一谔烈士陵园,此地为金山爱国主义教育基地,每年前来祭扫和瞻仰英烈的人很多。后在陵园附近建立了李一谔烈士生平陈展室,参观单位络绎不绝。因陈展室空间较小,而且地理位置又较偏僻,交通停车又不便,无法满足各党组织和单位学习活动需要。农建村深挖金山红色资源,把"307"指挥所改建成了初心馆,李一谔烈士生平陈展室升级后,作为初心馆的主要内容。

打卡地标

李一谔是金山第一位共产党员,金山和平湖地区党组织的缔造者、新街暴动的领导者,也是一个敢于与自己所在阶级彻底决裂、矢志投身革命、为民争取平等与幸福的共产党员,为此甚至献出自己年轻的生命。他出身富庶家庭,为了国家和民族的利益,他抛家舍业,直至牺牲

自己的生命。他的一生，充满了血性和果断；他的一生，始终遵从内心，忠诚和担当；他的一生，犹如一颗流星，虽然短暂，却点燃了金山平湖两地的革命火种。

2020年7月1日，500平方米的初心馆经过紧张的筹备建设后，如期开馆。区领导参加开馆仪式，李一谔烈士的后人听闻建初心馆，专程从福建赶来金山，作为参观馆第一批参观宾客。活动现场，还发布了金山区"四史"学习教育精品线路，将金山区烈士陵园、李一谔烈士陵园及初心馆、上海石化展示馆等24个"四史"学习教育基地"串点成线"，推出回首初心路、展望振兴路、筑梦腾飞路、共享和谐路四条"四史"学习教育精品线路，让全体党员、干部、群众更为深刻地了解金山的红色故事，传承红色基因。

初心馆以李一谔为主要元素，融合党群服务站、新时代文明实践站，展示金山党史、发展史和成果，打造党员学习教育、群团活动、便民服务等活动为一体的党性教育基地。分上下两层，一楼有初心图、初心屋、初心角等，二楼的金山党史展示厅，分三个篇章，向观众展示了金山党史上的"第一个"、李一谔烈士等共产党员的革命事迹、金山党组织的发展与斗争等。初心馆一行，可以让我们走进李一谔烈士以生命践行"初心"的革命历程，犹如上了一场情景党课，感受浓浓的"一谔精神"。初心馆直观地给后代更多的启示，一代又一代将革命精神传承下去。

初心馆自开馆以来，作为金山区的"网红"初心教育基地，为广大党员和党组织所熟知，参观预约不断，参观

者更是被李一谔烈士的革命事迹深深感动。初心馆把红色遗迹打造成最好的"教室",让先进英模化身为身边的"教师",着力打造"李一谔红色文化品牌"。一年间就吸引了区内外800多家单位、2万多人次的组团参观,推动"四史"学习教育入脑入心。

升级提档

2021年,为进一步完善红色基地,在党史学习教育期间,农建村在初心馆前面的空地上又升级打造了"一谔公园"和李一谔烈士雕像,提升初心馆教育功能,使场馆更具有完整性,李一谔烈士的革命历程及其精神内涵得到进一步提升。

一谔公园占地2亩多,公园正中是高4.6米的李一谔雕像,形象高大伟岸,出自雕塑名家何鄂大师之手。人物形象身着长褂衫,左手拿帽子,右手拎公文包,面部表情自信、柔和,整体呈昂首阔步向前进的姿态,人物塑造积极向上,寓意着李一谔热爱革命事业,对革命道路充满自信,相信革命一定能够取得最终胜利的坚定信念。一谔公园不仅能够满足各级党组织进行党性教育、开展各类学习教育的需求,也为周边群众提供修身养性、文化熏陶的场所,成为一个环境优美的驻足休憩之地,为全面塑造"一谔"党建品牌又增实绩。

红色窗口

金山卫镇毗邻平湖市独山港镇,在长三角一体化的背景下,两镇盘

活红色资源,共同打造出一条"红色党建示范带",串起了李一谔烈士陵园、初心馆、金山卫抗战遗址纪念园、转角湾党支部、衙前革命纪念馆、百人坑遗址、独山港镇抗战历史宣教基地和优胜碉堡群遗址8个红色地标。通过打造两地资源共享的党员党性教育示范路线,推动党员党性教育的互联互通。

初心馆作为"红色党建示范带"的起点,讲述革命历史,传播红色精神,作为红色窗口,让更多的党员和群众知道金山有着光荣的革命传统和丰富的红色资源,李一谔、袁世钊、陆龙飞等革命烈士留下了宝贵的思想和精神财富。红色文化品牌的打造将助力金山"两区一堡"的建设。

张堰镇

品味酸甜酱菜里的乡愁

"你说你是一个村,我说你是一道景……"悠扬的歌声从张堰镇百家村的百家客厅中传来。这首名为《百家幸福来》的村歌,从乡村来,带着百家村的泥土芬芳,唱出了百家人的幸福,唱出了乡村振兴"好声音"。

百家村位于张堰镇东北部,因拥有得天独厚的"田、水、林、湖"等自然禀赋,特别是金山区最为完善的生态片林而被众人所知。目前,百家村已成功创建为第三批上海市乡村振兴示范村。

百家村。

进入百家村高桥路,首先映入眼帘的是写有"湾区绿芯 森活百家"的两块牌楼,呈"八"字形摆放,意为迎接八方来客。进入后,道路两侧参天的水杉矗立,一条林荫大道笔直通往百家村深处。阳光倾洒,光影斑驳,绣球花、格桑花点缀。林荫道两旁被"百家绿肺"生态林所环抱。生态林占地3800多亩,种有水杉、玉兰、桂花、杨树、香樟等多个树种,是一个天然氧吧。林间设有木栈道,供行人散步。

村民王阿姨经常在高桥路上散步,"我们这个村最大的好处就是生态环境好,特别是生态林这边,你呼吸下这空气,多清新呀,你再看前面的玉兰湖,生态也很好,经常能看到白鹭呢。"

村内水系丰富,玉兰湖、蝴蝶湾、小镜湖、水杉池等大大小小河道溪流遍布其间,林水面积占区域总面积的76%。这几年通过整治,湖水水质变好了,打通了断头浜,建造了小喷泉,河道两岸整整齐齐,村民看在眼里,乐在心里。

"路拓宽了,埭上也统一美化,吃完晚饭广场上跳跳舞,散散步,农村生活不比城里头差,我们再也不羡慕别人了。""不仅房屋被整修一新,污水纳管,门前的河道整治,而且宅前屋后就是花园、果园、菜园。"百家村民的喜悦溢于言表。

百家村不仅考虑到让村民生活上奔小康,而且还要让村民精神文化上奔小康。建设"闻万泰"非遗文化展示馆使之成为承载村民文化记忆的核心场所,延续乡愁。

在物资匮乏的年代,一氅酱菜是那个寡淡岁月里最鲜活的味道。一口酸酸甜甜的酱菜,谁不爱?糖蒜、酱包瓜、什锦菜……这些陪伴童年的味道都出自"闻万泰"酱菜厂。

日前,在"闻万泰"酱菜厂制作车间基础上建设的"闻万泰"非遗文化展示馆正式开馆。该馆位于百家村高桥路2158号,面积约350平方米。馆内通过介绍闻万泰酱菜制作工艺、演变历程,陈列各种不同口味的酱菜成品,展示了张堰酱菜发展的百年历史和制作技艺。

"闻万泰"酱菜厂是一家百年老字号,成立于1850年。酱园分东西两部分:东为东万泰,西为西万泰。光绪二年(1876年)转让后,将东万泰改为"公和"、西万泰改为"万恒"。1956年,"公和""万恒"均改为公私合营企业,1959年并为一家,改称"公万恒酱园"。1964年改为张堰食品厂酿造车间,即现在的"闻万泰"酱菜厂。如今,"闻万泰"是上海最后一家纯手工酱菜厂,酱菜制作技艺已经成为上海市非物质文化遗产。目前,酱菜厂发展订单农业,实现产、供、销无缝对接,每月就近收购原料近20吨,每月平均为当地农户及蔬菜基地创收约20万元,在解决农户蔬菜销售渠道问题的同时,更提供了就业岗位。而酱菜文化园,被打造成"种植-观光-采摘-体验-加工"一体化的沉浸式农文旅融合项目,可以近距离体验酱菜非物质文化。

一走进闻万泰酱园,一股浓烈的酱香味便扑鼻而来,一口口深褐色大缸里浸润的便是各类酱菜。闻万泰坚持民间酱腌方法,保留传统日晒工艺,使酱味渐入而仍保有原菜香味。经过压制、调味等工序,等待着时间赋予它的惊喜。保留原始的制作工艺,只为确保每一口出缸后的酱菜都弥漫着时光的味道,氤氲着岁月的芳香。

馆内有三宝。一是一口缸,来自公和酱园的老物件,上面印着"公和"两个大字的酱缸。这个酱缸曾流失在浙江平湖,被张堰镇收藏爱好者发现后,从浙江搬回了张堰。"公和"酱缸静静伫立,无声地讲述

着酱园的历史。二是一幅画,由77岁张堰镇居民丁凤鬶先生,根据镇上几位热心文史的贤达回忆,手摹心绘,耗时近一个月完成的张堰公和酱园生产场景图。该画采用平面透视法,展示当时酱园盛景。三是一张报,由金山县第一位共产党员李一谔创办的进步刊物《社会钟》,其中民国十三年(1924年)这一份。报纸上刊登的广告都是当时的公和和万恒酱园。

场馆内还设置了互动体验区域,让游客在亲手制作酱菜的过程中,感受匠人精神。闻万泰酱菜制作技艺传承人朱超表示:"酱菜的制作是有个周期的,我们在部分环节设置了体验的区域。比如在制作包瓜的中间环节里有一个糖渍的工艺,就是通过铺糖来腌制。我们力求让游客在这里体验完半成品的加工后,也能够把自己制作的酱菜带回家享用,这样一来游客们也能有更深入的了解。"

一家酱菜厂,坚守一颗素心,秉承工匠精神,闻万泰酱菜在岁月的长河中吮吸着历史的精华,孕育着自己的芬芳。乡味现乡情,村歌聚人心,百家村致力于打造风景中的产业社区,一首《百家幸福来》唱出了百家人民的幸福感。青山绿水中,屋舍田野间,一幅如诗如画的秀美乡村图正在百家村徐徐展开……

记录"南社"峥嵘岁月

沿着黄浦江南行,上海市金山区的张泾河畔有一座中国历史文化名镇——张堰镇,镇上有处罕见的四进院落,见证了姚氏家族百年沧桑,也呈现了近现代著名社团——南社的烟云岁月,这就是上海市级文物保护单位——姚光故居。姚光故居建于清光绪十七年(1891年),宅内设上海南社纪念馆,这是国内第一家全面陈列南社历史事迹的纪念馆。

姚光故居。

此宅坐东北朝西南,黑瓦白墙,砖木结构,二层,由四进院落组成,总建筑面积1780平方米,整座建筑总占地面积1688平方米。姚光故居作为金山区体量较大的清代老宅,这种围合式大宅,在当地也称"墙门屋",其中房间众多,看点不少。

姚家在张堰素有"姚半镇"之称。姚光故居原主人姚光(1891－1945),一名后超,字凤石,号石子,又号复庐,生于张堰,是一位藏书家、文学家。青年时,姚光曾加入同盟会。1909年,近代革命文学团体南社成立,姚光即首批入社。1918年担任南社主任。

说起姚光故居,这里曾有"爱如蜜"。姚光由南社创始人之一高旭介绍入社,与妻子同为南社早期会员,二人新婚宴尔,先生于此展卷读书,一旁妻子相陪在侧。姚光时题一诗:"徙倚闲窗月上初,仙霞翩翩托明珠。银屏华亭人如玉,红袖添香夜读书。"可见,伉俪情深,你侬我侬。

说起姚光故居,这里曾有"书之虫"。有"书虫"之称的姚光于此藏书著述。他搜罗大量文献古籍,尤其留意乡邦文献。他常为乡贤,为地方编辑、刻印书籍。其胞妹姚盟梅出嫁时,姚光即刊印妹妹作品《盟梅馆诗》作为嫁妆,一时传为美谈。

说起姚光故居,这里曾有"客留踪"。柳亚子、黄宾虹、白蕉、费龙丁、周迪前、高旭、高君定、高燮等"大咖"出入姚宅。黄宾虹《怀旧楼校书图》题:"忆曩游秦山,道经张堰,曾访石子先生怀旧楼,藏书盈室,丹黄校勘,听夕不倦",黄宾虹除了在姚宅目睹姚光藏书之盛,用功之勤之外,他还作画赠姚光,可知二人高谊之一斑。

新中国成立初,姚光后裔秉承姚光心愿,把姚光全部藏书五万多册,其中包括诸多稀世珍本、海内孤本全部捐献给了上海市人民政府文管会,当时陈毅市长有专文嘉奖姚家义举厚德。现在,这些藏书大都保存在上海图书馆。

而在新中国成立前,姚光故居则是南社与国学商兑会的重要活动地址,新中国成立后,此建筑群先后被用作政府机构及其下属部门办公用房。2004至2011年,由上海市、金山区两级财政斥资,分三期完成姚光故居的修缮工作。2007年5月,金山区委、区政府以"姚光故居"为依托,正式成立"上海南社纪念馆"。

走近南社纪念馆,学界泰斗、书画大师、南社后裔饶宗颐先生书写的"南社纪念馆"五字赫然在目。

南社,是一个曾经在中国近现代史上产生过重要影响的资产阶级革命文化团体,也是辛亥革命前后甚有影响力的革命文学社团。1909年,在反清的旗帜下,以陈去病、高旭、柳亚子为创始人,他们雅集唱和,倡言革命,发起组建南社。南社是20世纪初以民主革命启蒙思想宣传家、文学家、教育家为中坚,以推翻清王朝封建统治为共同政治基础,以振起国魂、弘扬国粹为主导文化思想,同时注意吸收西方先进思潮的全国性近代文学和文化社团。它酝酿于封建王朝崩溃之际,兴盛于辛亥革命前后,绵延至新中国诞生之时。

上海南社纪念馆陈列内容共有十大单元,分别为"青史垂功、烈士流芳、舆论开先、教育兴邦、绩学扬辉、翰墨凝馨、格致求精、家学承宗、巾帼争光、海外蜚声",综合反映了中国先进知识分子参与社会革命及各种社会文化活动的历史。通过几度改版,纪念馆丰富了南社史料的内容,进一步讲好南社与中国共产党的故事。在南社中有一批不忘初心的共产党人,其中如铁肩担道义的"一代报人"邵飘萍,舍生取义的共产党员叶天底,新南社发起人、中国第一批共产党员沈雁冰等,他们的高尚节操和大无畏精神,构成了南社的思想灵魂。

漫步建筑群,天井内姚光先生的白玉

兰塑像，安静祥和，似乎静坐在老宅一角，若有所思，欣有所悟。在建筑群的第三进，我们可以看到建筑屋脊两端有耸起指向天穹的翘角，这种弯檐翘角的建筑格局，为金山本土建筑文化的一个显著特点，可以说，代表了一种吴越气韵。

姚家是金山望族，姚氏受姓虞舜，舜帝姓姚名重华，故现在的姚光故居不仅仅门匾额上砖刻有"重华世胄"，此外在故居三进长廊铁栏杆上也铸有"重华世裔"，这些，都是说姚姓为舜帝之后裔，可见姚氏作为传统世家的传承。

"敦仁树德"是姚光家族的家训，敦仁堂即为姚光家的堂名，此宅具典型的明清风格，古色生香，可让人感受旧时大宅的格局。说姚宅传统，事实上其又带有近现代海派建筑的文化特色，我们可从落地格栅门、格栅窗，花岗石柱础，感受到"西风东渐"的海派文化的影响，这一些建筑历史与建筑语言的精妙处，也会拨动人的心弦，让人感受这座老宅一路走来的步履与宅主经历的时代、事物。

作为金山区统一战线教育培训基地、上海市爱国主义教育基地、国家AAA级旅游景区，姚光故居与上海南社纪念馆反映了20世纪初中国先进知识分子参与社会革命及各种文化活动的史实，为更好地传承南社精神、探究社员组织活动提供了重要的现实载体。

2014年，姚光故居又被上海市人民政府公布为"上海市文物保护单位"。现在，不少学生入队仪式、入团仪式、党员重温入党誓词、青年入伍前培训活动，总会选择到此接受爱国主义和革命传统教育，树立起热爱祖国之意识。

如今，四进庭院角落，由姚氏先祖手植的一棵百年桂树，陪护着故居，枝繁叶茂，花开满枝馨香，花落一地诗情，见证着人们不忘初心，近悦远来。

欲知"白蕉"为何清誉如兰
请到白蕉艺术馆来一品

张堰被评为"中国历史文化名镇"是实至名归的,白蕉艺术馆就是张堰历史文化名镇的一张著名名片。该馆是近年张堰镇将古镇的一处江南水乡老宅,打造而成的公共文化设施。馆内展陈通过白蕉的家族、金山的历史人文、白蕉的艺术与交友等方面,呈现近代著名书画家白蕉的艺术与情怀。

白蕉艺术馆。

白蕉（1907－1969），上海金山区张堰镇人。他出生在一个世代行医之家，至今在该镇还有两处他的故居和一些亲戚。白蕉本姓何，名馥，又名治法，字旭如，小名桔馨。其上有两个姐姐，另有一个哥哥幼年早亡，其下有一弟继承父业。白蕉艺术馆展陈以白蕉先生生平事迹与艺术成就为主线，结合金山区博物馆多年来征集到的白蕉书画作品及白蕉后裔捐赠品，着重展现了白蕉先生在诗文、书法、绘画、篆刻等方面的艺术成就，通过展示版面、人物雕塑、多媒体投影等多种形式予以生动地呈现。

白蕉的祖父何朗夫是一位中医，从张堰周边的染店桥搬至张堰镇，白蕉父亲何宪纯继承父业，先学中医，后又学西医。他热心文化、教育、医疗公益事业，曾创立张堰图书馆、钦明女校、公明小学、自新医院、董理同善堂、济婴局等，同时他思想开明，通诗文、善音律，是一位园艺爱好者，经常在庭院中栽种各类花草。

白蕉为何以白蕉为名？他并没有对世人解释过，人们又过多方猜测，却终不得其解，最终从白蕉之金学仪夫人处解开了这个谜团。1923年，年仅十六岁的白蕉离开故乡，来到繁华的上海求学，先入上海海澜英语专修学校，几年后又考入上海政法大学。不久，他与同乡女同学堕入情网，不能自拔，且有白头之约。当时的婚姻讲究父母之命、媒妁之言，因为一些原因，双方家长竭力反对，连理之好虽不能如愿，二人却依然苦苦相恋。一日约会，女同学送白蕉先生一朵白色美人蕉，好似空中飞舞的白蝶。据说，自此后白蕉灵机一动，改称"白蕉"。

白蕉出身书香门第，才情横溢，诗书画印俱佳，与徐悲鸿、邓散木并称"艺坛三杰"。其书法深具魏晋风韵，沙孟海盛赞其"三百年来能为此者，寥寥数人"，他与沈尹默、潘伯鹰驰名海上，并称"书坛三杰"，是现当代中国书法帖学方面的杰出代表。

1998年2月,在首都举办的"二十世纪书法大展",吸引着无数国内外书法爱好者。白蕉的作品也被陈列在九十三位已故著名书法家遗作展上,观赏者无不陶醉于他那清新秀丽、浓郁的二王风貌和晋人神韵。近年来,白蕉的艺术价值更是得到认可与张扬,其被认为是民国以来"帖学"的代表人物。他的作品也被国家文物局列入1949年后已故著名书画家限制出境的名单中。

话说白蕉小时候,同盟会元老、南社创始人之一高旭曾借居白蕉家,高旭以《南社启》一文,宣告南社成立。白蕉父亲何宪纯与南社主要领导人高旭、姚光等人交情甚笃,常有诗词唱和。20世纪30年代,随着金山滨海沪杭公路的开通,戚家墩开辟海滨浴场,白蕉父亲与姚光、张仲田、曹中孚等会乘着游船至海滨浴场,吟诗著文,可以看出当时文人之间的交往与白蕉父亲的文学修为。在千年古镇及南社文化的浸润下,天资聪颖的白蕉,在诗文、书法、绘画、篆刻等领域都独树一帜。

白蕉作画,以写兰著称于世,他少时朝夕观赏、描影自娱,结下四十余年"生命与共"的兰蕙情缘,"白蕉兰、石伽竹、野侯梅"并称民国海上画坛三绝;白蕉篆刻,法古融今,黄宾虹盛赞其"大作篆刻深厚、不落纤巧家数"、"迥非时贤所能企及",并为高燮、郑逸梅等名家所激赏。

新中国成立后,白蕉积极参与上海美术馆、图书馆筹建和中共一大会址的恢复工作,为上海中国画院筹委会委员兼秘书室副主任,中国美

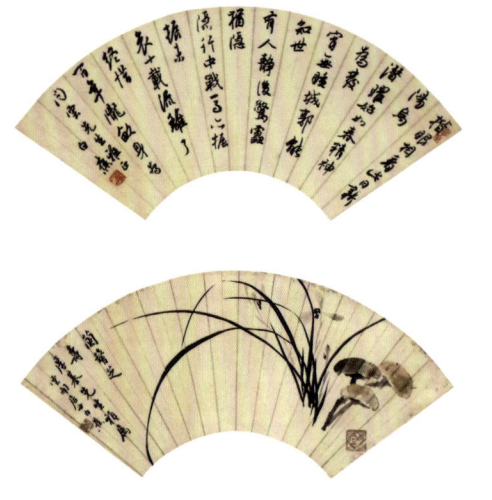

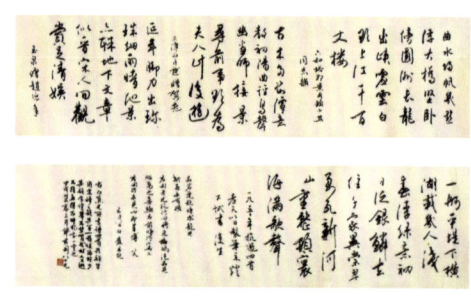

术家协会上海分会会员,上海中国书法篆刻研究会会员等。有《袁世凯与中华民国》《白蕉》《云间言艺录》《书法十讲》等著作。

漫步白蕉艺术馆,我们可看到"白蕉艺术馆"馆名,由中国文联副主席、中国书法家协会副主席陈振濂先生题写。陈振濂非常推崇白蕉先生,他在《现代中国书法史》一书中这样评价白蕉:"我们追溯到民国后期到解放时期,必须承认沈尹默的领袖之功——没有他就没有白蕉;但我们更愿意指出,作为与于右任一系并驾齐驱,并且后来居上的回归二王派,白蕉是首屈一指者。沈尹默是历史人物,是社会选择的领袖;白蕉则是艺术大家,是艺术选择的领袖。"

进入馆内,门口长廊上有以铜雕形式展示的《兰题杂存》,《兰题杂存》作为白蕉最知名的书法作品,里面主要写白蕉了解到的兰蕙文化渊源及写兰技法介绍。《兰题杂存》中,白蕉对兰的论述强调的是原则和要点,言语简约,却意蕴无穷,加上白蕉技术娴熟的自由挥洒,高山流水气蕴奔涌流泻,成就这幅高作。传世有两幅《兰题杂存》,一幅原由翁史焌所藏,现藏于朵云轩,一幅原由沈禹钟藏,后藏于孙正和。

庭院中心坐落着中国著名雕塑大师、"黄河母亲"雕塑者——何鄂女士创作的白蕉先生铜像。早在多年前,何鄂对家乡文化名人白蕉已有深入了解,并多次会见白蕉之子何民生,在研读白蕉先生生平业绩过程中,对先生充满了敬意。

据了解,何鄂女士的家族曾为金山望族,巧的是,他们这个家族与白蕉同姓。何鄂家虽在1937年因日军战火被迫逃离金山,但数十年来一直牵念金山,为金山文旅事业作出了很多贡献,此作品是她为金山打造的又一倾心力作。

白蕉艺术馆集艺术性、教育性、学术性于一体,馆内展品深刻地展示了白蕉作为人民艺术家的人格魅力和责任担当,诠释了白蕉先生"艺术不受时间空间的限制,因为它代表了真理"的艺术理念。而在白蕉先生所著文章中,字里行间所流淌的既有对中华优秀传统文化中诗书画印研习的感悟,更多的是他忧国忧民的仁心。他虽已永别人间,但他的精神、品质、情怀,是我们这个时代弥足珍贵的财富。

白蕉艺术馆开放后,已成为金山对外展示优秀传统文化、爱国主义教育、促进文化艺术交流等层面的一个重要窗口与平台。

领略留溪千年风韵

一张金山区张堰镇的老照片，让人悠然神往。河道里停泊着"东吴万里船"，古桥边错落着江南老宅，远处秦望山清晰可见，千年留溪古镇，韵味十足。为了留存历史记忆，赓续精神血脉，汲取奋进力量，张堰镇倾力打造近千平方米的张堰历史人文风情馆，并于2021年9月19日正式开馆。

历史人文风情馆。

张堰历史人文风情馆,是集中展示金山张堰深厚历史文化底蕴和地方人文风情民俗的展示窗口。历史人文风情馆建筑主体前身叫云山楼,因元代隐士杨竹西(杨谦)曾创作诗歌《不碍云山楼二首》而得名。

展览以历史编年为主要形式,上起先秦,瞩目当下,远望未来。在陈列设计形式上追求鲜明的个性和多样化风格,应用沉浸式设计,将布展元素与声、光、电、多媒体、特殊材料等相结合,通过3D、VR、融合投影、互动投影、实物陈列、电子沙盘、档案史料和触摸查询等形式,在精心营造的时空里,还原、放大历史景象与文化作品,从而客观、形象、生动地再现张堰地区的历史文脉及风貌,让历史人文风情重现,让参观者置身历史文化场景之中,全面地感受张堰这座千年古镇的过去、现在和未来,让参观者产生一种"入乡随俗"的感觉。历史人物风情馆成为这座千年古镇新的"会客厅"。

踏进这幢江南水乡风格的复古建筑,进门即见"留溪长歌"四字,之后每一个历史故事、每一张老照片、每一幅书画作品、每一份老物件……都推动着我们与张堰的风光历史更近一分,仿佛那首"长歌"正在耳边回荡不绝。

商周时期,张堰已现成片的村落,先民们在此栖息,炊烟连户,生机勃勃;相传秦始皇在东巡时曾来到张堰登山望海,那座山现名秦望山,又叫秦皇山、秦驻山;汉朝开国功勋之一张良跟随赤松子(上古神仙)四

处游历时曾在张堰隐居,因此张堰又称留溪、赤松里;明朝永乐和嘉靖年间,倭寇多次骚扰金山地区,并深入腹地抢掠烧杀,张堰军民奋起抵抗;清前中期,张堰王氏家族通过科举,在顺治、康熙、雍正、乾隆四朝,都官居要职,其中王顼龄官拜武英殿大学士(正一品)兼工部尚书,后加封为太子太傅,王鸿绪官至户部尚书;清代张堰钱氏家族,是江南驰名的校勘出版世家,世代相承,在一个多世纪里先后出版古籍达1000余种;清宣统元年,高旭、柳亚子、陈去病等一批进步文人发起成立南社,而张堰则是南社首议之地与南社成员在上海的重要活动地点之一;抗战爆发后,张堰军民同仇敌忾、不屈不挠,与敌人进行了艰苦卓绝的反抗斗争;1956年,早在金山划入上海市之前,张堰镇被评选为江苏省第一个卫生镇;2010年7月22日张堰镇被评定为"中国历史文化名镇"……件件桩桩"诉说"着酸甜苦辣,令人时而莞尔一笑、时而心头微颤、时而感慨万千。

　　如果历史是深扎地底的根,人文便是繁茂的枝叶,风情便是盛开

的花朵,所长成的参天大树宛若一张全息名片,邀请八方来客领略留溪千年风光。

伴随着精炼的文字、精美的图画、生动的讲解、多样的形式……张堰古镇历史人文之底蕴、桑梓温馨之意趣、重土报本之情结,如一幅长卷缓缓铺开,跃然眼前。四五十分钟不足以完整地叙述一座古镇千年的历史人文风情,但以小见大,"山川钟淑,大美留溪。学风不坏,文脉可稽。内涵兴镇,境沐缉熙。卿云缦缦,永固宏基!"张青云在《张堰赋》中描述的张堰之美由此可见一斑。

新馆里有新展。张堰历史人文风情馆内举办了"百年潮涌·张堰记忆——庆祝建党百年照片展"。大厅中央,红色展板上"百年潮涌·张堰记忆"几个大字映入眼帘,牵引着参观者的思绪回到百年前的张堰。

展览共展出138张老照片,分为《岁月留痕》《留溪掠影》《劳动创造》《古镇新貌》《时代华章》五个篇章。从古镇风光、学校教育、工业农业、城乡商贸、特色民居等方面,展现百年张堰风貌,尤其彰显了新中国成立至改革开放时期张堰社会、经济、文化的历史概貌。随着张堰的不断发展变化,这些老照片留住了珍贵的"张堰记忆"。

岁月如歌,张堰如书。张堰的水土养育了张堰儿女,张堰历史人文风情馆里展出的文物、照片都是张堰历史演变的见证和缩影,一定程度浓缩了张堰过去景貌和平凡生活点滴的档案,真实地记录了小镇生态环境的改善、城乡风貌的更新、百姓生活的变迁。

看完了展示的一张张泛黄的旧照片,对比今天张堰的变化,真是感慨万千。出馆左边不远,就是幽僻的"张堰公园"可供小憩,还可去公园对面的老镇小饭店吃一碗鲜美正宗的张堰羊肉面。沧桑变迁,醇味依旧,更衬托出今天的美好,衬托出如今生活的富足祥和。

廊
下
镇

一桥两山塘的时光故事

　　以前的山塘村，500多户村民安安静静地过着跟祖祖辈辈一样日出而作日落而息的生活。贯穿村域东西的主干道廊华路和南北主路山塘中心路只是四五米宽的水泥路，来往车辆要十分小心；网红打卡地枫叶岛是枫彩集团下面的一个枫树种植基地；星空度假营原是个因疏于管理而几近荒废的香樟树苗圃；青檐版画艺术中心选址于一个久未打理面临废弃的仓库……

山塘古街。

2015年,随着上海市第一个郊野公园开园,处于廊下郊野公园核心区的山塘村,就如平静的湖面扔进一颗石子,一阵阵的涟漪开始层层荡漾开去。

初来山塘的人都有一个必选动作,去山塘古桥走一个来回。在桥的这头——上海山塘拍一张照片,到桥的那头,浙江山塘拍一张照片;还嫌不够的,站在桥的中间,沪浙交界处再来一张。据说这样的三连拍才是合格游客的基本标配。去年,山塘河上还新添了一座明月桥,老百姓也称其"连心桥",与两百年的古桥,几十年的公路桥一起,三桥分别代表山塘的昨天、今天和明天,相映生辉,成为山塘的风景线。

确实,因为山塘地处沪浙交界处,一河之隔的独特地理位置造就了先天的资源优势。长三角高质量一体化发展的国家战略在这里得到了最好的印证。

也是因了沪浙毗邻的优势,两地还联手开辟了第一条跨省马拉松赛道。从北山塘出发,经由广陈镇广山公路往朱平公路一路向北,穿越黄浦江上游水源保护区的6000亩涵养林,途径风景如画的六里塘,回到上海山塘。21公里的半马赛道,串起了沪浙两地的友谊,也串起一个红色基因植入绿色发展的传奇。

2018年3月,为了贯彻"两区一堡"战略,廊下镇又率先提出"田园五镇"的设想,将毗邻的金山吕巷、张堰和平湖广陈、新仓发展成五镇联盟,在250公里的区域范围内,通过"党建联心、文化联姻、发展联动、民生联建、平安联防、人才联育"实现资源共享,每年由一个镇当轮值主席,定期召开山塘论坛,发布联建项目,一条以"共治善治、团队协作、以绿生金,共建都市后花园"为内涵的生态G5发展画卷正在徐徐展开。

近年来,山塘村先后获上海市文明村、上海市老年教育居村委示范学习点、上海市消费者权益保护示范联络点、中国最美村镇人文奖、上海市五四红旗团支

部、上海市平安小区、全国最美村镇、乡村振兴示范村等荣誉称号。荣誉的背后，是山塘无数孜孜不倦的"追梦人"踏实勤奋的汗水。

陈海平是青檐版画民宿的业主，半百人生，满头银发，鼻梁架着一副眼镜，说话语速很慢，一看就是如假包换的艺术家本尊。在山塘，他有很多作品。游客中心、老街艺术馆、田迷踪，这些地标性建筑都出自陈海平。他把山塘的老底子翻个透，研究山塘的风土人情，将老农们曾经用过的水缸、纺车、木桶、犁耙等老物件都拾掇拾掇，赋予了新生命。在传统农业日渐式微的新农村，为远去的农耕文明保留一点"乡愁"。

山塘有很多农业合作社，天母果园便是其中一个。当年，一位江苏来的小伙子在廊下种桃子，一干就是十多年，一不小心从小哥

做到大叔。老农民干出新花样，因为种出了"喝牛奶听音乐"的仙桃，他还被评为了上海市优秀农民工，一举成了远近闻名的"田秀才"，时不时还让人请去作为专家授课。

山塘的景是看得见的美，山塘的人是看不见、但感受得到的"美"。在世界行走，为山塘停留。

都市乡村农家"乐"

中华村位于金山区廊下镇西部,东与山塘村交界,西隔六里塘与中丰村相望,南与浙江省平湖市广陈镇李马村相邻,北与中民村毗邻,距廊下镇中心约4.4公里,区域面积2.95平方公里,其中耕地183.3公顷。

中华村。

　　提起中华村，人们首先想到的便是农家乐。从2006年开始，该村引进锦江国际集团打造了上海第一个整体规划的农家乐。

　　中华村村容整洁、环境优美，在保留了原味风貌的同时，由锦江国际集团对房舍内部进行统一的现代化装修，是上海郊区设施最为舒适的农家乐之一。

　　村中有118幢农舍，在保留了原味风貌农居外貌的同时，对内部环境进行了现代化的装修，堪比三星级酒店的硬件设施，同时还引入了锦江国际酒店先进的管理模式和服务理念，可提供24小时管家式服务，服务甚为规范，并可品尝农家小厨和现代化的中心厨房提供的卫生、健康、美味、可口的特色农家饭菜。

　　"白墙、黛瓦、观音兜"。这里村容整洁、环境优美。小河、人家、绿树、农田……田园风光尽收眼底。村民的宅前屋后，集旅游、观光、美化于一体的"小三园"——小菜园、小果园、小花园，成为农村"新时尚"。

　　作为廊下郊野公园核心区域，中华村探索"农家+旅游"乡村振兴新思路，在引入社会资本提升档次，提高现有经营户接待水平及服务意识，扩大农家乐区域游玩范围，推进民宿业有序健康发展等方面多元复合，紧密围绕大都市人群需求，提升乡村旅游基础功能，增强区域辐射能力。

充分利用金山农业科普馆在本区域的优势,将现代农业同青少年学农结合,激发学生对现代农业兴趣。在村域南部,建有以"樱舞棠飞 漫游林海"为景观主题的郊野公园休闲林地,并在林内设置景观休闲设施、生态停车场、环状一级健身步道,为游客、市民提供一处集休闲、健身于一体的开放林地。

此外,中华村将牵手山塘村,建设"明月山塘、未来中华"乡村振兴新格局,实现景点、基地、餐饮、民宿、旅游等路线大串联,打造廊下品牌"新湾区"。进一步开发文创产业基地,引进社会资本将中华小学改建成农业创新设计产业基地、文化创新产业基地,并可以结合农科院方面作为科研、推广、培训等场所。充分挖掘本土宗教文化底蕴,以重建龙门寺为契机,加强中华村文化软实力提升工作。

何鄂与百年"廊小"的不解之缘

一位大名鼎鼎的雕塑家为什么把雕塑馆建在一所乡镇小学?

1937年,何鄂一岁不到便被迫离开家乡。小时候,奶奶就教何鄂和胞弟何顾继德"举头望明月,低头思故乡",还教他俩廊下家乡话,说等姐弟俩长大后,如果有机会回到家乡,要用家乡话和家乡人交流,用自己的才华为家乡做一点事。

何鄂雕塑馆。

2004年,何鄂应廊下小学邀请从兰州回到金山廊下参加百年庆典。之前,生于廊下的何鄂已将创作的鲜军铜像赠予了学校。10月18日庆典开始前约半小时,朱保良校长陪着何鄂与爱人张玄英老师参观了百年"廊小"的遗存石碑,碑头上清晰地写着"金山何朱两先生纪念碑"。张老师指着石碑随口说了一句:"说不定和我们何家有关系的。"不料这一句话,却引起了朱校长的极大兴致与奇想。当大家在嘉宾休息室坐定后,朱校长马上打电话给已九十高龄的、1935－1937年任"廊小"校长的何修伦先生。何校长肯定地说出何鄂老师父

亲何修尧先生是他的堂兄,和创始人何静渊就是一家人。严谨排算,何静渊先生即是何家上推四代之内的先辈了。朱校长的这一有心查询,竟然连接了何家姐弟与静渊校长的血脉渊源。后来,何鄂又得知"廊小"历任校长中还有五位是她的先辈,父亲何修尧先生也曾做过廊小教师。

从此,何鄂与家乡廊下、与百年"廊小"结下了不解之缘。多年来,何鄂数次回乡探望,并为家乡和"廊小"捐赠雕塑作品。不仅如此,何鄂的心中还有一个愿望,就是将自己最有影响、最有价值的雕塑作品放在先辈创办的百年"廊小"永久展示。何鄂的这个心愿也得到了金山区教育局、廊下镇党委和政府的鼎力支持。2014年,一个有历史渊源、有文化内涵、有艺术美感、有教育价值的大师级的艺术展览馆在百年"廊小"建成,这也是何鄂故乡情结和母校情愫相融合的结晶。

2015年5月8日,对建校111年的金山区廊下小学而言,是不平凡的一天。一个特殊的场馆以一种独有的方式出现在校园,即由中国著名雕塑家何鄂女士捐建的"何鄂雕塑馆"落成开放。

何鄂雕塑馆有210平方米,分四个展厅,共九个部分:真爱永恒、文明传承、希望星辰、志存高远、至善至美、华夏精英、厚土滋润、中华史诗、家乡情怀。展出作品图片80余件,原作20件,其中有何鄂的处女作、代表作、成名作,充满着对历史的追寻、对大爱的执着、对艺术的钻研、对教育的倾情,是个"高大上"的雕塑展馆,弥足珍贵,令人震撼。

如今,廊下小学的何鄂雕塑馆,已成为师生接受爱国主义教育的"大课堂",进行艺术熏陶的"大熔炉",实施美育实践的"新天地"。

学校依托何鄂雕塑馆开设了雕塑课程,编印了雕塑折页,编写了校本教材,创建了雕塑专用教室和学生作品展示室,使每一个"廊小"学生都能学习历史与文化,了解雕塑美学与知识,掌握雕塑技能与方法。

在田间美术馆遇见乡愁

在金山区廊下镇的"万亩粮田"里,以一条原本的田间小道为载体,一座没有围墙的田间美术馆从落于此。农家废弃的旧物"变废为宝",成就了农村的"公共艺术品"。

2015年,上海市首个开放式、全域性郊野公园在廊下开园。次年年底,在廊下镇的万亩粮田里,一场内容丰富的丰收节拉开帷幕。除了村民割稻比赛、市民下田学农、知青返乡体验、农家小吃展示等特色节目,在一条田间林荫大道上打造的"田间美术馆"引人注目。

田间美术馆。

稻田里，人们正忙着收割，而田边路上，几十名大学生正手执画笔在旧瓦片、旧门板、旧坛子上作画。当天，共有100片旧瓦片、100扇旧门板、100个旧坛子，它们是从当时廊下拆除的几百户农民旧宅里搜集而来的，许多村民听说要留给后代子孙看，纷纷主动把家里的旧物件送了过来。

原来"一锤子敲掉、一把火烧掉"的农村旧物成了大学生们进行田园创作的载体，"变废为宝"的经历，为田间美术馆增添了人文元素，也让这条乡村道路成了一条"记忆之路"。田间美术馆1.0就此打造完成，这个不设立专门展厅的美术馆，把展品固定在乡间道路上，留住的是老农和都市人共同的乡愁。

2019年，原本因风吹雨淋变得破旧的"田间美术馆"迎来了令人惊喜的蜕变——用百幅高低不一的旧门板、旧床板和旧柜门等农户搬迁时留下的废旧材料，经草根艺术家的"点化"，组合成七彩的光谱和巨幅的国旗，幻化成一条腾飞的巨龙，象征了廊下人民对美好生活的追求和梦想。

除了"门板艺术"，"田间美术馆"设计出的许多田间景观小品也都可圈可点。比如，利用旧罐子、旧坛子和旧水缸等乡村常见的废弃旧物，以乡村、田园、丰收等为主题进行搭建创作，成就了一个个具有怀旧意味的小景，与周边田园风光在疏离中形成隐隐的呼应。田间美术馆改造项目还利用旧砖头、旧瓦片作为花坛的主体材

料,修建一个个造型花坛,不仅能够有效控制造价,还为建筑本身增添了文化底蕴和几许乡愁。

"廊下织梦"土布设计创意服饰秀的"秀台",也搬到了田间美术馆。来自上海杉达学院的学生们,已连续4年为廊下土布设计创意服饰,并在廊下各个角落留下走秀的风姿。这一次的T台,就设置在田间美术馆的小路上,土布的全新演绎,模特的婀娜身姿,与周边金黄的稻浪形成巨大差异感,让人们在大俗大雅的"碰撞"中享受一场视觉盛宴。

吕巷镇

花海果园寄乡愁

俗话说:"水是家乡甜,月是故乡明。"故乡的一草一木、乡里乡音都令人魂牵梦绕。为了能留住乡愁、记住乡音,和平村史馆从乡村史话、乡村新纪元、乡村贤韵等方面详细介绍了和平村的历史人文与经济政治发展情况。

和平村。

和平村史馆位于吕巷镇游客接待中心大楼底楼,村史馆的建设因地制宜巧妙利用空间,将墙壁作为内容记录的主要载体,四壁变成了展示墙。现代喷绘技术与传统笔墨图文相结合,既在有限的空间展示了村情村貌,又增添了翰墨丹青的人文意趣,高雅脱俗,清新简洁。

村史馆的展示重点突出了和平村在各级领导的关怀与指导下,艰苦奋斗革新发展的光荣历程。馆内突出位置更是图文并茂地描绘了奋斗历程与光荣成果。建设村史馆旨在铭记历史,感恩先贤,热爱家乡,共建家园。和平村史馆展示出了和平灿烂辉煌的历史,而和平村的明天会更令人鼓舞。

近年来,吕巷水果公园人气越来越旺,随着客流量的逐渐增多周边的配套设施也逐渐开始完善。位于门头的"三园里"显出它得天独厚的地理优势,未来将成为集娱乐休闲、美食住宿于一体的综合性步行街。

"三园里"就在村史馆附近,位于吕巷水果公园核心区域,该项目一期于2020年9月建设完成,涉及19户村民,总投资约600万元。围绕主题教育、党史学习教育,持续深化"三个百里"建设,打造"三园里"农民集中居住示范点,通过引入国资下乡、多种经营模式并行,培育"五金农民"(入股经营获"股金",房屋出租收"租金",兼职打工赚"薪金",参与经营茶食、饭店等赚"现金",土地流转后收取"流转金"),有效促进农民增收。

闲置多年的"三园里"Y点保留埭,致力于打造成为新老村民共建共享的"三园里滨河步行街",挖掘本地传统美食资源,让村民在自家

宅基地上创业、就业。既能提升人居居住环境，又能为村民创收；6名村民利用农民闲置房屋共同创业，办起了"富小哥农家乐"，并通过"保底+分红"的方式帮助农民增收……未来，整个三园里集聚壁画文创、主题民宿、商业零售、网红餐饮、酒吧一条街等业态，通过深化村民自治理念，坚持村民的主体地位，落实项目运营需求，最终实现三园里从"外部输血到内部造血"的自主发展之路，真正让村民实现持续稳定增收。

在村史馆东侧有座"白龙湖"，"白龙湖"的规划设计融合干巷和平地区传说中小白龙的龙头形态，把龙抬头、龙戏珠、紫气东来寓意体现在湖的设计中，同时把白龙舞、白龙糕、小白龙长廊等有关小白龙的故事串联起来。通过"白龙湖"讲好和平村的故事，讲好水果小镇的故事，讲好吕巷璜溪、干溪的故事，深挖吕巷的历史文化内涵，打造乡村旅游度假的新亮点，打造吕巷水果公园的升级版。

"白龙湖"主体部分还设立了九座小岛，未来将开设民宿与文化旅游等项目，同时"白龙湖"区域将与紧邻的吕巷水果公园形成联动，成为集"民宿体验区、水域核心区、蔬果采摘区"于一体的生态空间。在提升"颜值"的同时，"白龙湖"的建成也将大大改善金山区中部地区防汛排涝的能力，增加全区河湖水面率。吕巷镇作为"三个百里"重要指示的发源地，"十四五"期间，将以"白龙湖"周边综合开发为发展核心，全力打造"湾区桃源"区域名片。

沪上水果第一村

初夏时节,上海保勤果蔬种植专业合作社的蜜瓜进入销售旺季,许多市区的顾客驱车60多公里,只为品尝这一口"初夏的甜蜜"。

半个月销售近2000箱的金山蜜瓜,其实大有来头,它由上海与新疆合作培育而成,多次在全国、全市甜瓜评比中获得"冠军",捧回金奖。

白漾村。

保勤合作社所在的漾平路，短短900多米，因为聚集了施泉葡萄、圣泉葡萄、保勤哈密瓜、平漾樱桃、敏蓝蓝莓、蟠桃研究所等多个合作社，而这些合作社所获得的各类"金奖"多达24项，被人形象地称为"金奖路"。

为此，很多人都说，白漾村可以说是沪上水果第一村。

白漾村聚集了近30家果蔬专业合作社，水果种植面积近2000亩，主要集中在漾平路以及红光路两条主干道两侧，形成了一条别具特色的"水果埭"。蟠桃、葡萄、樱桃、蓝莓、枣油桃、无花果、杨梅等30多个品类的水果，一年四季供应不断，尤其是春、夏、秋三个季节，沿漾平路往西的"水果埭"廊道落英缤纷、瓜果飘香。

白漾村的科技研发力量也不容小觑。上海市蟠桃研究所、上海市蓝莓研究所两家市级研究所，金山区葡萄研发中心和金山区哈密瓜研发中心都落户在该村。比如，上海市蟠桃研究所自2011年落户以来，

已为当地引进了20多个蟠桃新品种;针对蟠桃上市期集中、保存时间短的问题,研究所除筛选引进4个早、晚熟品种外,还实验推广设施蟠桃种植等技术,使蟠桃产值提升到每亩2~5万元,让农户的收入提高了5~8倍。

白漾村地处金山中部生态圈的核心位置,是一个典型的"绿核",曾被评为全国生态文化村、全国千佳绿化村、上海市美丽乡村示范村、上海市乡村振兴科技支撑行动科技引领示范村等。随着水果产业的集中集聚和品牌影响力的不断提升,白漾村也日益成为上海"水果控"的重要打卡地。据不完全统计,该村每年游客数量超过20万人次。

"白漾村的水果产业特色鲜明、基础扎实,下一步我们将把各个水果基地串联起来,使其成为一条集观光、采摘、休闲、娱乐等为一体的水果景观带,把吕巷水果公园的人流引到白漾,实现和水果公园、白龙湖联动发展,不断增加白漾村的人气。"白漾村党总支书记冯海峰说。

白漾村还有车镜公园、蝶镜湖、骏马园,更有700多亩可观赏性的生态林。其中,蝶镜湖景区占地面积245亩,始建于2001年,建成于2003年。经过近年来的精心培育发展,目前已拥有包括五珍松、红栋、桂花等名贵树种600多棵,榆樟、三角枫、大板松等高档盆景1000多盆。景区内还开挖了以"中国地形图"为背景的人工湖46亩,其独具匠心的构思之巧妙堪称一绝,它是人们休闲垂钓、水上游玩的好地方。湖形四周绿杨佳树环绕,配以逶迤曲折的休闲路,游人光顾舒适惬意、美不胜收。

当民俗遇见活态传承

走进干溪街258号,映入眼帘的是两座风格别致的建筑。这里是金山区非物质文化遗产保护中心,由干望山老宅和徐召来老宅等改造而成。

干望山老宅,坐北朝南,为合院式布局,宅左右、正前方均为围墙。建筑风格为硬山顶,建筑立面正中上、下层有科林斯式柱子、拱券,主出入口内侧有砖雕仪门。

非遗中心。

时光荏苒、斗转星移。置身在这座宅院中,我们仿佛能听见,昔日人声鼎沸的繁华,还能看见那满园春色掩不住的美景。静立在那的老宅显得那般安然,那般恬静,仿佛一位老者,在我们耳边叙述着过往的故事。恍惚间,我们似乎看到了一位富态可掬、身着长衫的乡绅站立其中,他轻抚帽檐,仰天凝视,或闲庭漫步在庭院之间。

据原干巷人民公社广播站的工作人员回忆说,干氏宅曾是当地一户大户人家的宅院。新中国成立后,这户人家不知去向,宅院就被空置着。后来,土地改革时被收归集体所有,1958年,房子改成了干巷人民公社广播站。1981年,广播站搬离了,宅院的二楼就成了旁边人民公社的员工宿舍,一楼则被当作了仓库。2005年,原吕巷镇和干巷镇合并成新的吕巷镇后,干氏宅就一直空置着,直到遇上电视剧《欢乐颂》在这里取景,让老宅再次进入了更多人的视线中……

如今干宅、徐宅已成为金山区非遗中心重要组成部分,二者相得益彰,重焕生机。漫步在两处具有民国韵味的宅子里,体验金山区特色的非遗项目,不同文化的交织,更加积淀了这里的历史底蕴。

干望山宅的旁边为徐召来宅,也是"非遗中心"的一部分。原主人徐召来,亦曾是当地大户,该宅坐北朝南,砖木结构。建筑风格为硬山顶,面宽5间,上下共10间,明次间前有门廊,花岗石柱础。徐召来宅是金山区保存较好的民国时期的中式建筑,同时局部又融入了诸如彩色雕花玻璃及拱形窗等西式建筑元素,可以直观地感受到金山民国时期民居建筑风格的演变。新中国成立后,曾一度作为干巷乡政府所在地。

干氏宅

电视剧《欢乐颂》取景图

该中心设有金山区42个非遗项目实物展、特色非遗项目专题展以及非遗集市等区域。中心以图、文、实物、多媒体等形式全面展示金山区42个非遗项目,同时引进一批非遗传承人在此进行展示、制作,并与观众现场交流技艺,传授制作方法。

"吕巷小白龙"

熟悉了金山区非物质文化遗产保护中心的由来,让我们将视角转向它的保护内涵。在金山区的42个非遗项目中,吕巷地区的"小白龙"舞龙活动已有百年历史,是吕巷地区民间流传下来的特色传统文化,是农耕时期的文化遗产,2011年被列入上海市非物质文化遗产代表性项目,现为国家级非物质文化遗产。

吕巷土布纺织技艺,2015年被列入上海市非物质文化遗产代表性项目。吕巷土布品种式样繁多,有宽形条纹、细形条纹、方格纹、骰子花纹、井字纹及提花等。灶花,又称"灶头花",是用来装饰、美化灶头,表达农家美好愿望的一种乡土艺术。2017年,吕巷灶花被列入金山区非物质文化遗产代表性项目。吕巷的灶花丰富多彩,表达着农民对丰衣足食的期盼、对幸福生活的憧憬、对子孙安康的祝愿。此外,吕巷还有哭嫁歌等非遗项目。

吕巷土布作品

其实,"非遗中心"不只有保护功能,还承载着为民服务的功能。2019年12月31日后,随着"非遗中心"的开放,中心成了当地人观看非遗节目展演、非遗展览,游玩非遗集市的好去处。"非遗中心"所展示的非遗项目,是古老金山的一种活态存在和历史遗存,每个非遗保护项目都镌刻着金山

人的智慧结晶与文化个性。

赏花灯、猜灯谜

在2021年的中秋节,"非遗中心"还举办了"嗨·中秋"非遗游园会活动。走在民国的建筑之中,抬头望去,和星星一起点缀在天空中的是展示着"建党百年"主题的花灯,过去的历史在花灯中默默地诉说。除赏花灯外,举办活动,必不可少的还有成为非物质文化遗产的亭林月饼、枫泾丁蹄、枫泾黄酒、"闻万泰"酱菜等美食,它们一一出现在了此次活动舞台上,让前来参加活动的男女老少在游玩之际,能够尝遍金山的特色美食。演出,则是活动的重中之重。极具金山特色的打莲湘等演出,不仅体现了金山民间文化的丰富内涵,更是现代金山人对金山文化的一种传承。

除了看非遗,也可感受非遗。亲自画一幅金山农民画,体验吕巷土布贴画、土布染织,制作亭林月饼,小伙伴们能够参与其中,去体味其中传承的金山文化,这才是建立非遗中心、举办游园会活动的最终目的。

"三个百里"硕果丰

处处景色似画,四季瓜果飘香。走进金石蟠桃园,习近平同志作出的"三个百里"重要指示红色大字镌刻在石碑上,格外醒目。

水果公园。

  2007年6月12日,上海市委书记习近平同志来金山区调研,视察吕巷镇金石蟠桃园,提出金山要建设百里花园、百里果园、百里菜园,成为上海的后花园。吕巷镇坚持一张蓝图绘到底,以"乡村资源+生态优势"为着力点,"农旅结合+水果小镇"为突破点,深化"三个百里"建设,加快打造美丽家园、绿色田园、幸福乐园和"幸福吕巷"。

  "三篱巷"位于吕巷水果公园核心区,项目以乡村振兴为目标,是"百里花园、百里果园、百里菜园"的浓缩版。"三篱巷"中的"三"即是三个园子,花园、果园、菜园;"篱"是指篱笆,篱笆围合的园子是乡村最常见的场景,也是最有乡愁记忆的场景;"巷"即是吕巷本地的水巷、村巷、街巷的典型自然和人文景观,也紧扣吕巷的名字。

  花园里,紫色的花海、竹制的长廊,地上铺设着青石板,内部还有古代的拴马石,假山、古松相互映衬,颇具江南园林的风格。而果园、菜园里,蔬菜郁郁葱葱,生长茂盛,造型各异,原汁原味的农村风貌,可以让前来参观的游客体验到浓浓的乡愁。

"三篱巷"不同于城市主题公园,它具有溪流、树木、湿地等原生态的郊野环境,可以让人在游乐体验的同时充分享受自然野趣。它以良好的生态郊野环境为依托,结合研学、户外拓展、采摘体验等郊野休闲项目,实现人文环境与自然环境的和谐统一,集中展现农耕文化。

要说吕巷水果公园里最有名气的水果,那一定非蟠桃莫属。吕巷镇被誉为"中国蟠桃之乡"。早在1934年,和平村开始种植30亩桃树,到了1972年,开始大量引进种植蟠桃。2003年,这里出产的桃子成功注册了"皇母"商标。2010年"皇母"蟠桃成为国家地理标志保护产品,也在近几年举办的地产优质蟠桃比拼中获得不俗的成绩。

一枝独秀不是春。近年来,施泉葡萄积极发挥品牌辐射带动作用,向全区7个镇12个葡萄合作社53家种植户的2070亩葡萄基地输送"施泉品牌"技术规范标准。通过品牌带动,金山葡萄销售量明显增加,平均价格在原有基础上提高35%左右,平均亩产值增至3万元左右,带动420多人创业、2000多人就业,辐射种植面积达11000多亩。

近年来,吕巷镇高举"三个百里"旗帜,围绕建设"百里花园、百里果园、百里菜园",着力凸显农业农村的经济价值、生态价值、美学价值,2020年成功创建上海市首个国家现代农业产业园(果蔬产业),示范引领都市现代绿色农业高质量发展。与此同时,上海金山的吕巷、廊下、张堰和浙江平湖的广陈、新仓五镇,共同建设长三角"田园五镇"乡村振兴先行区,以产业联动为核心,建立特色农产品产业联盟,搭建两地果农技术交流平台,拓宽农产品销售新渠道,打造长三角乡村产业新高地。

石化街道

从荒凉滩涂到幸福小城

　　初秋雨后，郁郁葱葱，石化街道城区中的一草一木被太阳照得透亮晶莹。树木掩映，花草簇拥，满城绿色，行走在其中，犹如行走在深邃的岁月里，行走在优美的画卷中。

　　从野草丛生的荒凉滩涂"逆袭"成如今有花有海的幸福小城，坐落在杭州湾畔的石化街道向世人展示了自己的迷人风采。在这里，你将遇见一座可品读、能漫步、有温度的城市。

石化街道。

围海造田

战天斗地　历史之城

石化街道的开篇是一部不断向大海要土地的奋斗史。大堤路上，矗立多年的上海石化围海造地纪念碑前，在这里开拓过疆土的人们都会来此怀念，怀念曾经的波澜壮阔，感叹和骄傲在心头萦绕。

1972年12月，随着国务院批准围堤，建造上海石油化工总厂，"围海造田"正式开工。在指挥部干了15年的张士明，在《上海石化总厂围海筑堤史记》里真实记录了当年一幕幕历史。"5万农民工脚踏沙滩，头顶青天，早出工、晚收工，中饭用1400多副货郎担送到工地，民工就站在天寒地冻、阴雨连绵的海滩上休息吃饭，晚上就睡在昏暗潮湿的'猪公馆'……"

随着一村、二村到十五村居民区的陆续建成，工人文化宫、商业街区、体育场、少年宫等配套文化场所的迅速落实，至20世纪90年代，这里已形成了一个厂区"小社会"，生活区面积扩大到2平方公里，共建有24个居民新村，常住人口接近10万。这就是石化街道的雏形。

如今的上海石化展示馆内的醒目位置放着一张被放大的珍贵老照片。照片记载的是1974年4月，当年测量班的同志们肩扛简易的勘测工具，一字排开，顶着春寒料峭的海风，行走在湿漉漉的滩地上，为总厂及各分厂进行建厂坐标定位测量的故事。照片成为那个艰苦卓绝的岁月里，风餐露宿的人们开天辟地的永恒记忆。

第九届全国政协副主席陈锦华当年这样评价："实在是为国辟疆、为民造福的大好事,在我国工业建设史上,这样大规模地、持续不断地填海造地,不算绝无仅有,也是首屈一指。"

沧海桑田。此地当年是很荒凉的穷海滩,野外坟茔丛丛,半人高的茅草在风中摇曳,茅草房低矮破旧,如今已呈现出一派阡陌交通、良田美池之景象。漫步这片土地,厂房林立,马路纵横,在建项目比比皆是,车水马龙欣欣向荣,人民生活安居乐业。工业发展积蓄的巨大能量,正在这里充分释放。

幸福家园　和谐之城

这是一段在前进中不断汲取力量的发展历程。1997年,金山"联合建政、撤县建区",石化街道成立,从此开启新纪元。环境从治理到美化,让臭河浜复见碧水,"小北海"蜕变,老小区焕发新活力,让人们从住有所居变成住有宜居;治理从传统到创新,"8+3"错时工作制,开放小区变封闭,智慧云梯项目,全方位保证居民的安居乐业;文化从品牌到组合,新老地标相映成趣,麦秆画、龙头风筝等非遗传承、活力四射的花样奶奶,不断滋养社区文明生态……作为金山区唯一的街道,年轻的石化街道朝气蓬勃,蒸蒸日上。

"衔石填海　崇德向善",这一片不断成长的神奇土地背后所凝聚出的精神,厚重而又温暖。在这种精神的熏陶下,居民向善向美。涌现出把爱人从沉睡中唤醒,点亮了生命奇迹的全国文明家庭龚建强家庭;用骨髓捐献负起生命之重,救助未曾相识亲人的全国红十字先进志愿者毛俊;卖掉唯一住房,捐赠全部财产的高新老师等好人以及好人文化。目前,街道辖区内有3.5万多户文明家庭,1.2万余名社区志愿者,他们善行无疆,用平凡的举动帮助老弱病残,弘扬着"奉献、友爱、互助、进步"的志愿服务精神。

正因为对好人文化的薪火传承,石化街道先后荣获了全国文明单位、全国最美志愿服务社区。石化街道的精神将成为鼓舞广大干部群众奋斗的动力,影响着一代又一代的人。

清晨,滨二的爱心点名志愿者薛麦滩在"爱心点名"时,发现孤老马先生生病,马上陪他去医院就诊。挂号、抽血、配药、挂点滴……挂完点滴,天色已暗,薛麦滩把马老送到家中。将他安顿好后,让老人有需要随时给自己电话,千叮嘱万嘱咐,薛麦滩才安心离开。马老感慨道:"谢谢社区,你们就是我的亲人。"这一幕幕类似的温暖在石化街道各居民区都不断地上演。

石化街道实有人口8.93万,平均老龄化率达到37%,部分老旧小区甚至达到55%以上。面对日益严重的老龄化,围绕着"我为群众办实事"实践活动,石化街道为推进党史学习教育走实走深,启动以"小"老助"老"老的新模式的"爱心点名"行动。该行动对辖区内孤老、独居、高龄、残障特殊人群,以志愿服务形式进行每天点名、日常服务等关心关

荟萃园

滨海电影院拆违

爱。辖区内共有3641名对象被纳入到"爱心点名"行动中。

"建筑可品读,街区能漫步,城市始终有温度。"坚持党建引领,石化街道始终为实现这个如诗如画的美好愿景而不懈奋斗。

未来可期　花园之城

"和谐社区、美丽社区、宜居社区、活力社区",随着四张美好蓝图的徐徐展开,石化街道未来可期。

清晨,和煦的阳光透过稠密的树叶撒下,形成点点金色的光斑,照在居民身上,令人有种被幸福笼罩的感觉。"北京有个北海公园,我们这也有一个'小北海'公园。"东村金卫三组的吴老伯总喜欢带老伴来到这里锻炼,"以前呢,这里臭气熏天,走路都不想经过"。该公园地处石化街道和金山卫镇交界处,面积约4500平方米,是一个集休闲健身及幼儿课外活动课堂等功能一体的综合性休憩场所。

曾经,这里还是一片居民避而远之的环境脏乱差区域。近年来,石化街道把打好区域环境综合整治攻坚战作为滨海花园城建设示范区的重点工作,拆除违建29万余平方米。同时,利用整治后的空地打造微景观、街心花园、人行步道等街景,满足居民群众的需求。

伴随着最后一缕阳光消失在地平线上,滨海电影院广场上灯光绚烂,人头攒动,热闹异常。石化街道"浪漫海滨　文化筑梦"文体团队正在此进行表演。滨海电影院周边是曾经违建的"重灾区",周边居民怨声载道。经过联合整治,对滨海电影院周边区域违建进行拆除,清除占用公共广场违法建筑1313平方米,整治违法经营15家。"蒙尘"的滨海电影院广场终于以"全新的面貌"重新展现在居民面前。未来这里将被打造成集儿童剧院、金山特色产品展览展示、休闲广场为一体的金山区文化地标以及滨海地区的商业文化景观。

精雕细琢下的石化街道,一条条背街小巷、一个个老旧社区、一座座街心花园,在微更新和微整治中,花团锦簇、绿意盎然,显示出勃勃生机。石化街道正在全力打造一座近悦远来、有花有海的滨海花园城市。在不久的将来,一幅幅花海社区的美妙画卷,渐渐呈现在眼前。

滨海花园城,15分钟生活圈,特色创新街区……随着"十四五"的公布,石化街道的规划赋予了居民更多的想象空间。围绕"活力、宜居、人文、健康、平安"五个主题城区建设,石化街道不断打造"硬环境",提升"软实力",努力实现产业发展更高效、生态环境更友好、人民生活更幸福、城市运行更安全,为全力打造一个有花有海的社区,加快建设"美丽家园、幸福社区、魅力街道"打下坚实基础,助力"上海湾区"城市品牌的深化。

改造后的东礁公园

碧海蓝天缤纷浪漫的名片

　　城市沙滩绝对是金山人的神来之笔。昔日这片海水浑浊、杂草丛生的淤泥滩涂，经过金山人近二十年的建设和悉心打磨，如今已蝶变为一条长约2公里，集海景、海趣、海乐、海韵于一体的城市景观海岸线。

金山城市沙滩。

碧海蓝天，都市"漫生活"的呈现

景区始建于2004年底，2006年7月1日正式对外开放，并于2008年底成功创建国家4A级旅游景区，也是上海第一个滨海4A景区。景区现分为东区和西区，沙滩总面积16万平方米，泳区面积2.6万平方米。目前景区已发展成为一个集游泳、娱乐、观光休闲为一体的滨海度假区，年平均游客接待量达150万人次左右。

城市沙滩周边有鹦鹉洲生态湿地，也是一道美丽的风景线。鹦鹉洲生态湿地是2015年中央分成海域使用金项目，位于金山城市沙滩二期湿地区域，总面积约23公顷，总投资9240万元，其中中央海域和海岛保护资金补助8640万元。截至2021年7月，鹦鹉洲湿地公园接待游客逾2万人次。

鹦鹉洲湿地主要功能为生态修复建设。通过湿地基底修复、本地植被恢复、水体生态修复和景观造景，形成独具特色的杭州湾潮滩湿

地景观,提升区域生态服务功能与环境质量。整个区域分为3个部分:湿地净化展示区、盐沼湿地恢复区和自然湿地引鸟区。通过生态前置库、表流湿地、清水涵养塘构成的水质生态净化系统改善水质,为盐沼湿地恢复区、湿地生态引鸟区以及水上休闲区提供优质水源;通过修复生态环境为盐沼植物快速恢复创造条件,进而形成湿地生态系统;通过生态环境多样化设计为水生生物、鸟类等提供栖息地,从而形成丰富多样的滨海湿地景观;最终通过湿地区域内廊道、科普花园等设施的修建,提供生态科普教育功能。

近年来,城市沙滩相继承办全国风筝邀请赛、全国沙滩足球锦标赛、风夏音乐季、世界精英模特大赛、音乐烟花晚会、金山城市沙滩铁人三项赛等大型文体活动,打造了游艇俱乐部以及环湖自行车赛道,成为金山一张靓丽的文化旅游品牌。

每座沙雕,都是一堂"四史"微党课

2020年7月1日,时值中国共产党成立99周年纪念日,由金山区委、上海石化股份有限公司党委联合主办的上海市金山区"四史"学习教育主题沙雕展暨情景党课启动仪式在金山城市沙滩举行。

本次沙雕展以"四史"学习教育为主题,通过宏伟的52座沙雕,从多个层面、多个维度呈现党史、新中国史、改革开放史、社会主义发展史波澜壮阔、壮丽辉煌的发展历程。

　　走进沙雕展,金山围海造田的场景以沙雕的形式映入眼帘,在雨雪交加的恶劣气候下,建设者住在用猪舍改建的"猪公馆",用铁锹、畚箕等简陋的工具,突击建成长8.4公里围海大堤。"围海造田后,上海石化总厂拔地而起,解决了当时人们的穿衣问题",青年党员讲解员王莹,向一批批游客声情并茂地讲解沙雕背后的故事,把大家思绪拉回到那艰苦奋斗的岁月中。

　　李一谔、袁世钊、陆龙飞三位金山烈士,发动枫泾暴动和新街暴动,救亡图存、取义成仁;金山铁路正式开通,使得金山加速融入上海半小时都市圈,真正实现与中心城区同城效应……52座沙雕汇成45组不同主题的"四史"学习教育作品,以时间为主线,既有中国共产党人带领中华儿女走上站起来、富起来、强起来道路的壮丽历程,又有金山儿女与家国共生,与时代同行的生动实践。这些通过艺术呈现的"四史"沙雕作品,让游客在情景式、沉浸式体验中,感受祖国在经济、文化和科技等领域的发展历程。

　　"每座沙雕背后,都是一堂生动的'四史'学习教育微党课",石化街道党工委书记王咏梅介绍,通过创作生动的"四史"主题沙雕,更好教育引导全体党员、干部弄清楚我们从哪里来、往哪里去,总结历史经验、把握历史规律,汲取开拓前进的强大勇气和力量,更好地走向未来,交出中国共产党人坚守初心、勇担使命的时代答卷。

　　"通过沙雕的形式来展示上海石化各个重要历史发展节点,十分生动,也让我们更好了解单位的发展历程,传承前辈留下的'金山'精神。"上海石化青年党员陈华表示。

来自各地的游客漫步于城市沙滩,穿梭于沙雕群中,感慨于沙雕和"四史"碰撞的魅力。"通过这些振奋人心的沙雕,我为祖国日新月异的变化感到自豪,也深深感到沙雕上的每一粒沙子都浓缩着中国人民自强不息、厚德载物的精神。"青年大学生小张说。

最大"四史"沙雕展,城市沙滩上的"红色"招牌

《金山海岸线》沙雕作品面朝大海、颇为壮观,展现了金山海岸线将要打造的集生态观光、休闲度假、商务会展和户外运动于一体的生态型滨海旅游度假区。现场的游客纷纷拿出手机与未来的海岸线来个合影留念。

"沙雕体积的巨大,是传统雕塑难以比拟的,具有强烈的视觉冲击力。"金山文旅集团党委书记、董事长吴斌介绍,本次沙雕展规模达9000平方米,用沙总量7500立方米,是目前规模最大的"四史"主题沙雕展,创造了新的"大世界基尼斯之最"记录。

实际上,不仅仅是今年的沙雕展紧扣时代脉搏、彰显时代风采,从2016年第一届开始,城市沙滩每年都会对这些金色沙子赋予文化内涵,确定不同文化主题,把时代文化通过聚沙成塔凝结到一座座精致沙雕中。多年的精雕细琢,沙雕展已成为城市沙滩上的一块"红色"招牌。

土生土长的陈碬胜,家住在海边,每年的沙雕展都会过来观看,百看不厌。"每年都有新鲜感,每年都有新文化。"陈碬胜仔细地看着每一座沙雕,不禁感慨起来,"看着这些沙雕,一下子仿佛回到了以前,过去的事情全浮现出来了,祖国的变化太大了。"

金山血、山河泪、民族魂

  金山卫抗战遗址纪念园，位于金山区南安路87号，现为上海市文物保护单位、上海市爱国主义教育基地，占地面积24000平方米，主要陈列内容包括瓮城、金山卫抗战史料馆、"十月初三惨案"记事碑墙、纪念广场、金山卫风云抗战雕塑等。2015年8月，经国务院批准，纪念园被确认为国家级抗战纪念设施、遗址。与上海淞沪抗战纪念馆、上海四行仓库抗战纪念馆，同为淞沪抗战的重要纪念地。

金山卫抗战遗址纪念园。

　　这里为观众客观呈现了抗日战争时期侵华日军金山卫沿海偷袭登陆,驻防中国守军奋起抗击,金山地区惨遭日寇暴行蹂躏,从金山卫登陆的日寇一路劫掠攻陷南京,四万万同胞誓死保家卫国、投身全民族抗战的历史史实,厘清了中国共产党领导的人民武装从坚持敌后作战到成长为抗战中流砥柱的历史脉络,回答了历史为何最终选择了伟大的中国共产党,并以新中国成立70多年的辉煌成就,告慰了所有为争取国家独立、民族解放、人民幸福而献出生命的革命英烈。

大势衰微,国耻难平

　　我们知道,金山地处杭州湾北岸,自古即有"控扼大海,襟带两浙"之说,战略位置十分重要。它与宁波定海卫同为钱塘江之水路锁钥,西控苏浙,是为北面苏锡常、西面杭嘉湖的陆路屏障,历来为兵家必争之地,早在南宋,已设有"金山水军"。及至洪武十九年(1386年),明朝政府在此筑城置卫,倚之为藩篱,又凭借"水陆策应如长蛇"的卫所营汛防御系统,终保一方无虞。

　　尽管金山卫城的战略位置十分重要,但覆巢之下无完卵。中国自清朝末年在甲午战争中败给日本,签订丧权辱国的《马关条约》以来,国势日渐衰微,民国建立之后又经历军阀混战,国力始终得不到有效的恢复与发展。与此同时,日本在掠获巨额的战争赔款后,变本加厉,迅速走上军国主义的道路,不断发动侵略战争,攫取各殖民地利益,其国力也因此迅速增强。据统计,至抗战前夕,双方国力经过几十年间的此消彼长,早已不在一个数量级上。幅员辽阔、人口众多的中国,其工业总产值约为日本的1/4,钢铁总产量仅为日本的1/145。

抗战爆发前,中日两国的国力差距,在军事装备方面表现尤为明显。当时,国民政府发展军事装备的途径有二:国外引进和自行生产。不过,鉴于国内落后的科技及生产力水平,在外患来临之际,国民政府只能偏向从国外引进武器,且由于种种原因,只能重点购置陆军装备。如此一来,制海权与制空权的丧失便不可避免。

日军偷袭,奋起反击

1937年8月13日,侵华日军悍然进攻上海,挑起"淞沪会战"。随后的11月5日(农历十月初三),日寇更是以十万之众在金山卫沿海地区偷袭登陆。当时正值拂晓,杭州湾海面大雾弥漫。日寇先是出动大量飞机在金山卫上空侦察,接着军舰炮火齐对金山卫猛击。之后,在大雾和烟幕弹的掩蔽下,在宽达十五华里的海滩地面,日寇兵分三路蜂拥上岸,意欲从陆路切断上海守军撤退和援军东进路线。

侵华日军在金山卫沿海的偷袭登陆,受到了驻守中国军队有限兵力的顽强阻击。当时,负责守卫金山地区的,是国民党第二十八军的第六十二师和第六十三师,均为湘军。其中,第六十二师担任"全公亭－金山嘴"间守备,第六十三师担任"乍浦－澉浦"间守备。值得一提的是,尽管国民政府深知金山卫地处杭州湾北岸,北向拱卫淞沪及苏锡常地区,西向守护杭嘉湖地区,是南京国民政府腹地西南与东南的双向屏障,主观意愿不可能弃之不顾,但限于国力、军力的差距及其自身存在的种种问题,中国军队虽浴血奋战,却仍未能阻止侵华日军的侵略步伐。

山河沦陷,民不聊生

"月圆之夜人不归,花香之地无和平",侵华日军偷袭登陆金山卫沿海后,一路烧杀抢掠,制造了骇人听闻的血腥惨案,致使山河垂泪,大地哽咽,金山民众自此进入了长达八年的"至暗时期"。日军犯下滔天罪行,其疯狂、野蛮、残暴的程度是无以复加的。

金山沿海被占领以后,日伪政府全面实行战时"统制经济",致使物价飞涨,居民生活水平直线下降,许多农民、盐民生活靠救济,种田靠补助,生产靠贷款,困顿不堪。据《良友》杂志披露,盐民需每天在盐警虎视眈眈的监视下辛苦劳作,所制海盐必须经盐警敲"查"字,才被允许作为公盐贩卖给"称放局",且每斤海盐核价仅二十五文,其剥削程度可见一斑。

自1938年起,日伪政府又多次在县境内组织"清乡"。如当年4月,汉奸陈步青带领侵华日军,前往松隐、干巷一带,按照保甲名册进行逐一"扫荡",共计烧毁民房2000多间,杀害乡民100多人,抢夺"公粮"无数。后岗镇与松隐东街也在此浩劫中连续遭到三轮焚烧,毁为废墟。此外,在金山档案馆,也能找到若干份当时金山县政府关于抗战时期死伤人口的调查表,以及若干份亲历者的证词。

2005年金山区曾采访到11位幸存者,亲述了他们在日军入侵时的伤痛记忆。如今,他们中的大部分人已经故去。从留存至今的诸多抗战时期的日记以及档案资料,我们依然能够切实地感受到侵华日军在金山的野蛮行径。

全民抗战，驱逐外侮

当时，无论是社会精英还是市井小民，都积极投身于全民抗战的洪流之中。他们或奔走呐喊，争取抗战物资，或组织劳工，参加反日活动，或奔赴沙场，用鲜血和生命谱写出一首首抗日的壮歌。

而中国共产党则在危急关头，提出依靠人民群众的全面抗战的路线。1937年10月间，南方各省的红军游击队被改编为新四军，随后开赴抗日前线。上海沦陷后，中国共产党遵照党中央"挺进敌后，放手发动群众，独立自主地开展敌后抗日游击战争，建立抗日根据地"的战略决策，深入上海外围广大农村，领导郊县人民开展敌后抗日武装斗争，逐步开辟和建立起若干个抗日游击区。它犹如一把锋利的钢刀插在敌人的心脏地区，有效地发挥了打击、消耗、牵制日伪军事力量，动摇侵略者后方基地的重要战略作用。这种迎敌而上、开辟敌后战场的坚定决心和英雄气概，也成了东方主战场的特色与壮举。

当时金山境内的抗日游击区有山阳、廊下等。部队则有浦南先遣支队，这是一支由浙东区党委于1944年派遣，由淞沪地委领导的以灰色隐蔽面目出现的抗日武装。它不是淞沪游击队，但由于原国民党金山县党部书记长俞乐天的关系，与国民党金山县长翟继真挂钩，名义上是他的先遣支队，但实际是新四军浙东纵队的先遣支队。它的活动范围包括杭州湾以北的金山中部和平湖东部的广大农村地区。

以史为鉴、振兴中华

1945年8月15日，日本宣布无条件投降。在抗战最艰苦的八年中，中国共产党以崇高的信仰、坚定的理想、以为中国人民谋幸福，为中华民族谋复兴为初心使命，赢得了最广大人民群众的支持和拥护。中国人民经过艰苦卓绝的持久抗战，从战略防御到战略相持，从战略反攻到日本签署无条件投降书，最终取得抗日战争的完全胜利，粉碎了日本军国主义侵占中国的图谋，也洗刷了近代以来中国抗击外来侵略的民族耻辱。

前事不忘,后事之师。今天,国家确定抗战胜利纪念日、公布抗战纪念设施、举行抗战纪念活动,以传承与弘扬抗战精神,用抗日战争的生动教材推动爱国主义教育,永矢弗谖,祈愿和平。

高新区社区

传承文脉记住乡愁
只为更好向前发展

初识高楼村，屈指数来已是七八年前的事了，彼时《解放日报》头版有一篇关于高楼村"三个不关门"工作法的报道。这"三个不关门"，说的是为服务和方便群众，村委会周末不关门、村老年活动室全年不关门、村医务室中午不关门。

高楼村。

高楼村为何叫高楼村？很难有人讲得清楚，只说是1995年，原金山县撤销朱行五一人民公社建立朱行镇，下属的战斗大队便改名为高楼村，这其中是否蕴含了生产生活上高楼的意思？已经不得而知。

作为沪郊农村的一个普通村庄，古往今来高楼村也并非只是农耕一脉，其商业、手工业也曾十分兴旺。据史料记载，明清时期，这里曾有一个严家湾小镇，是通往浦南名镇张堰的必经之路，镇上有轧米厂、竹编行、糟坊、孵坊、豆腐店、南什店、理发店、小菜馆、缝衣铺等数十家店铺和作坊，一时市井喧嚣、市面繁荣。

2020年，高楼村启动了上海市第三批乡村振兴示范村创建。如何着力解决新型城镇化进程中传统村落消失的实际问题，让文脉继续传承，使乡愁得以留住，成了高楼村人的共识。

为此，高楼村把兴建村史馆，作为实施乡村振兴战略的重点工程、弘扬优秀传统文化的基础工程、构建基层公共文化服务体系的民生工程，通过挖掘整理反映农耕文化和乡村社会发展的老物件、老技艺、老

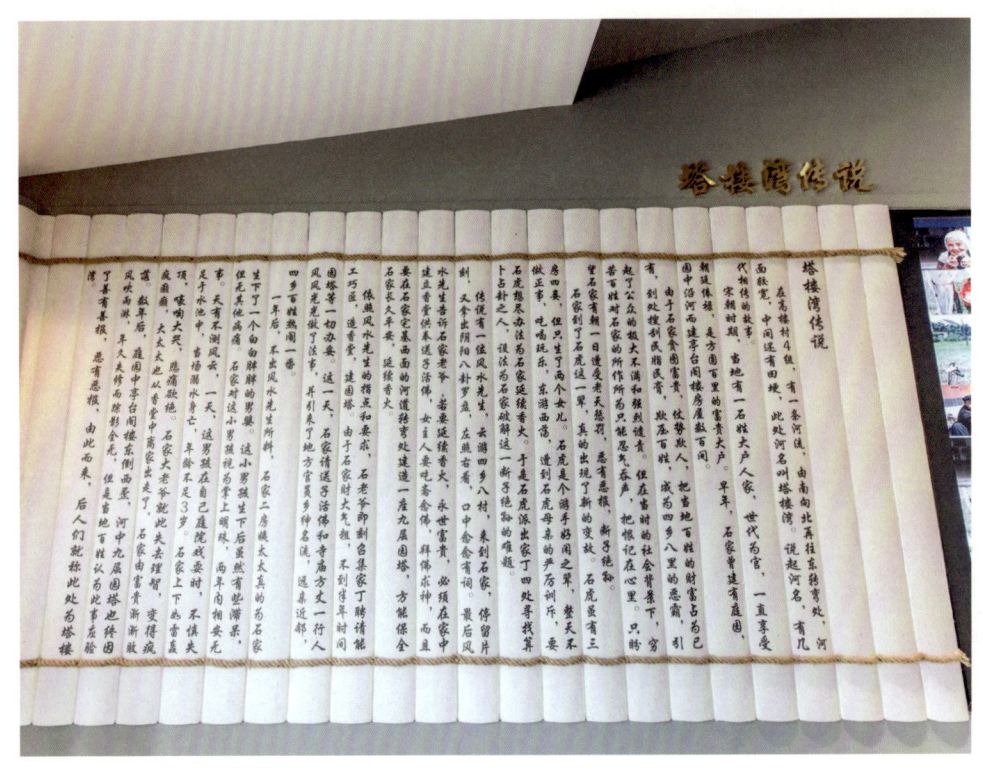

照片,记录乡村历史、地理、经济、文化等各方面的发展变迁,留住乡愁,传承发展乡村文化。

据了解,高楼村村史馆建地面积168平方米,通过图文资料、实物展陈、视频影像等形式,真实记录高楼村的发展轨迹、村风民俗等内容,以此留住记忆,寄托乡愁,传承文脉,凝心聚力。

村史馆内不仅展示了农耕文化、渔秧文化、染缬技艺等高楼村特色文化元素,还对村内三座有百年历史的古石桥——萃秀桥、东风桥和成辰桥进行了模型展示。墙上以竹简形式记载了孙公庙轶事、塔楼湾等高楼优良传统文化和习俗。

另一面墙上的现代农业和农民生活照片,展现了高楼村村民勤劳朴实、奋发有为、努力向前的优良传统,更是农业更强、农村更美、农民

更富的呈现。在馆内一角,陈列着牛车盘、牛轭头、石臼、缚纱床等村民自发捐赠的老物件,让人们重温了过去的生活记忆。

村史馆内,一个釉质大酒甏十分醒目,酒甏呈黄褐色,高约九十厘米左右,釉面有树木花草图案,颇为精致,两匹撒欢的骏马栩栩如生,是高楼村六组76岁村民吴华强捐赠的。吴华强介绍说,这个拷酒甏是他的爷爷购买的,至今已逾百年。过去,他家里曾开过酒厂,这个酒甏就是用来装酒的,盛满了少说也有二三百斤,这位酿酒人家长大的老伯,言语间似乎能让人闻到曾经四溢的酒香。

朱行小学三年级的学生蒋雯丽,是村史馆众多参观者之一,她在参观完后说,这些物品好多都没见过,像这些建筑、古桥都很漂亮,印象深刻。而村民屠春华的目光则久久停留在一只铜茶壶上,她动情地说,小时候家庭条件不好,这个铜茶壶是我三十年前出嫁时,妈妈省吃俭用给我买的嫁妆,珍藏到现在一直没舍得用,现在我把它捐赠给村史馆,希望能留下这段记忆。可以说这里的每一个老物件都有一段鲜为人知的故事,记录着高楼村的发展和村民生活的变化。

高楼村村史馆文稿主笔何永文说,我们在村史馆建设中充分挖掘历史文化特色,做到展示的"生态、生产、生活,历史、现实、展望"有机结合。在他看来,建村史馆目的就是让村民记住来时的路,以传承高楼村的文脉,只有知道过去怎么走过来,才能更好地向前发展。

"官塘驿站"里的油香故事

确切地说,"官塘驿站"是高新区社区胥浦村村史馆、非遗文化展示点和党群服务点的总称,虽占地只有80多平方米,却功能齐全、内容丰富,是了解胥浦村历史文化的窗口。

胥浦村有着深厚的历史底蕴,村域内"沈油车"、"黄油车"在新中国成立前就小有规模。如今,深埋在地底下的油槽、磨盘染上了岁月的痕迹,我们揭开它的面纱,向今人讲述属于这片土地上的"油"香往事,"胥"写昔日辉煌。

胥浦村。

胥浦村有着深厚的历史底蕴,村域内"沈油车""黄油车"在新中国成立前就小有规模。如今,深埋在地底下的油槽、磨盘染上了岁月的痕迹,我们揭开它的面纱,向今人讲述属于这片土地上的"油"香往事,"胥"写昔日辉煌。

"小的时候老是听老人们说起黄油车、沈油车,现在在这里看了才有详细的了解,对我们下一代来说也是好的教育。"胥浦村村民、70岁的姜国勤老伯说。

过去,姜国勤从老一辈的口里了解村里的历史。近日,随着胥浦村新打造的"官塘驿站"的落成,很多长辈讲述的文化故事有了鲜活的实物展示和系统的文献介绍,大家对村里的文化认同更加深刻了。

"像门口的这些油磨子是从地底下挖出来的,现在很多人已经不会使用了。"姜国勤指着"官塘驿站"门口巨大的石料磨盘介绍道,"在20世纪50年代,我们胥浦是个小乡,学校、茶馆、裁缝铺、信用社、南什店(杂货店)应有尽有,在这里都能看到相关痕迹。"

新建成的"官塘驿站"内设村史馆、非遗文化、党群服务点三大功能分区。通过挖掘村内传统菜籽油加工技艺这一非遗品牌,结合胥浦本土的古镇遗址和长生桥古桥文化,既对胥浦的历史文化进行了展示,又

199

提供了党员群众学习活动的空间。整个建筑外观白墙黛瓦、古朴雅致，成为胥浦村的一个崭新文化地标。

"胥浦村拥有悠久的历史。5000多年前，胥浦村民就在这里繁衍生息。胥浦村过去也称为杨胥浦，自古以来有两条官塘路。杨胥浦位于东西、南北两条官塘路的交会点（古代称'驿站'），是行人、公差跑马人员休息、饮食、住宿的落脚点，商市繁荣。"胥浦村党总支委员杨晓英介绍，"杨胥浦已经有五百多年的历史。到近代，我们林桥七组的村民参加了'新街暴动'，红色文化资源丰富。打造'官塘驿站'就是为了留住乡愁、传承文化，让更多的人发现胥浦、了解胥浦、投资胥浦，用产城融合助力乡村振兴。"

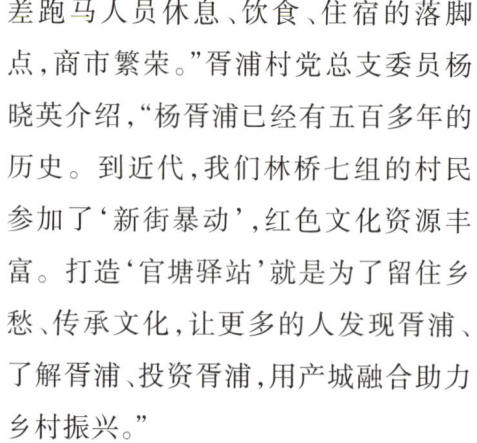

据悉，胥浦村把"官塘驿站"作为"党建+文化"的重要阵地，一方面通过挖掘、保护和弘扬民间文化，依托贴近群众、贴近生活、更接地气的文化载体，记录村庄变革、乡土文化、民俗风情，让村民了解胥浦过往变迁，提升村民德育教育，激活基层党建活力；另一方面丰富埭上党员群众学习娱乐场所，更好整合党群组织在思想教育、队伍建设、阵地建设等方面的资源，确保党群工作有效开展。

"今后，我们将以全面提升埭上人居环境和彰显独特文化特色为突破口，助推美丽乡村建设在村内全面开花，提升党建工作的引领带动作用，更好地为群众提供精准有效的服务和管理。"杨晓英说。

闹市寻幽 请到"市民文化礼堂"

商气变文气。高新区社区市民文化礼堂是上海首家社区"市民文化礼堂",位于高新区社区恒顺路370号,是集思想道德弘扬、文体娱乐、知识普及于一体的综合性文化礼堂和开放式文化阵地。

市民文化礼堂。

　　高新区社区市民文化礼堂的一楼是历史展陈,记录了6000年来高新区社区及前身朱行镇的历史变迁,将历史完整地还原到百姓眼前,小镇文化、新街暴动革命文化、水乡古桥文化、非遗文化,还有八月半香市民俗文化等一一展开、娓娓道来。二楼是上海市见义勇为先进分子纪念展示厅、高新区社区新时代文明实践分中心、志愿服务中心、市民之家,好人馆、云间书屋、染缬艺坊、百姓讲堂等,陈列着市民自己的文化作品,并成了市民自助式活动、休憩的场所,是自己家的客厅。社区居民老何在参观了礼堂后,激动地说:"这个馆办得很好,有些我知道的、子孙不知道的历史都记录了,这里有过去、有现在,还有未来,每个高新区社区人都值得来看一看,记住了历史,就记住了乡愁,记住了乡愁,就记住了来时的路!"

　　市民文化礼堂位于高新区社区最繁华的恒顺路北段。把临街2层2800平方米的商业街面留作了服务群众的场所,有人笑政府在做"亏本"买卖。其实选择在商铺繁华地段建立一批公共服务设施,就是看中了这里的便利便捷。

　　金山撤销朱行镇建立高新区社区,社区内有9个村、7个居委会、

1个鑫港湾（企业员工服务站），约4.8万常住人口。通过腾、挪、并，让出空间、整合阵地，高新区社区共在16家村居和鑫港湾建立了文化礼堂，调整充实了文化活动中心的功能，让百姓在家门口就能享受到更大、更好的场所和文化服务。

朱行染缬技艺源自唐代，历经宋元发展，在清末民初形成具有地方特色的染缬技艺，具有极高的历史价值和地方特色。市民文化礼堂的二楼对朱行缬染的文化及制作流程进行了展示，完整保留了古代缬染工艺的精华，并在此基础上形成了具有特色的缬染工序。染料提取、煮水染色、扎结取色、晾晒吹干等工艺中包括出十几道工序，整体染缬过程工序严整有序、科学完整。

除了腾出文化场地，文化队伍也活动起来，越来越多的文化演出送到百姓家门口，草根明星找到了自己的舞台。2016年起，高新区社区当上文化配送"店小二"，率先开启公共文化资源向村居配送工作，以5分钟服务群众圈为平台，让百姓来"点单"、让部门来"配菜"、让社会来"接单"，共为辖区百姓配送各类文化活动470多场，电影放映1800多场，文艺指导500多课时，培育挖掘本地文化资源18个，整合区域特色项目10个，培育本土文化社会组织6个，还和市文联艺术促进中心"联姻"，邀请上海著名艺术家成为高新区社区的常客，真正将节目送下去、将队伍活起来，将文化根植到百姓的心坎里。

后　记

　　大力弘扬金山区域文化，用心讲好金山故事，是金山打响"上海湾区"城市品牌的责任使然，也是当代金山"兰台"的文化使命和历史担当。

　　中共金山区委宣传部指导编撰的《小镇大展》，紧扣助力乡村振兴战略主题，围绕"留住乡村魂，展示文化美"主线，凸显金山乡土文化特色和历史人文精华。全书共43篇，内容丰富、叙事流畅、视角独特。组撰稿工作得到了各街镇和高新区社区的倾力支持和配合，谨此向为编撰工作提供帮助的单位、作者及相关人士，表示衷心的感谢！

　　岁月总会在不经意间留下许多涂抹不去的痕迹。金山绵长而厚重的历史，足够让我们努力去记取、标识和传扬。

　　"乡土文化既是一方水土独特的精神创造和审美创造，又是人们乡土情感、亲和力和自豪感的凭借，更是永不过时的文化资源和文化资本。"业已编撰出版的《金山书画集——枫泾卷》《金山旅游诗选》《朱泾寺庙文化地图》《江东孔子顾野王》《唐寰澄文集》《金山碑刻资料选辑》等一批反映金山人文特点和地域特色的书籍，既如实传承了乡土文化的"文脉"，也自觉担纲了乡土文明的传播。

　　近年来，金山全面贯彻落实乡村振兴和长三角高质量一体化发展国家战略，全区各镇涌现了一批富有时代特征、人文特色、区域特点的探索思考和建设实践案例。前人垂后，后人识今。《小镇大展》撷英一二，唯愿积淀和传承在岁月的流变里初心依然。

编　者

2022年10月

图书在版编目(CIP)数据

小镇大展 / 上海市金山区档案局(馆) 编． — 上海：上海科学技术文献出版社，2023
(金山区乡土文化系列丛书)
ISBN 978-7-5439-8746-3

Ⅰ．① 小… Ⅱ．① 上… Ⅲ．① 乡镇-文化史-金山区 Ⅳ．① K295.13

中国国家版本馆CIP数据核字(2023)第028256号

责任编辑：孙　嘉
特约编辑：宋世涛
书籍设计：侨圆文化

小镇大展
XIAOZHEN DAZHAN
上海市金山区档案局(馆) 编
出版发行：上海科学技术文献出版社
地　　址：上海市长乐路746号
邮政编码：200040
经　　销：全国新华书店
印　　刷：上海黄浦电脑印刷有限公司
开　　本：787×1092　1/16
印　　张：13
字　　数：218 000
版　　次：2023年4月第1版 2023年4月第1次印刷
书　　号：ISBN 978-7-5439-8746-3
定　　价：98.00元
http://www.sstlp.com